저 가,족 같은 회사 다니는데요

저 갑자기 회사 다니는데요

나로 지음

걸음저장소

목차

11　프롤로그

15　냉면 대신 선택한 떡만둣국

19　횡단보도를 건너지 않은 자

23　21세기 문지기

27　엎어통

31　오빠

35　꾸밈비

39　커피기계

42　뚜벅이의 외근

47　뛰어가는 키오스크

51　빵 차리기

55　유리병 우유

60　형광등

63　눈앞에서 빗 뺏기기

66　전화 대리인

70　다른 맛 커피

74　돼지면 돼지지

- 78 상여 대신 이른 급여
- 80 화장의 자유
- 83 열정페이
- 85 발맞춰 걷기
- 87 가슴 아픈 사장
- 89 고기와 맞바꾼 수당
- 93 근로자가 아닌가요?
- 97 돌돌 말린 부의금
- 101 되로 주고 말로만 받기
- 105 걸어 다니는 옷장
- 108 배춧잎 한 장
- 110 살아있는 양산
- 112 냉동 등갈비 김치찌개
- 116 개인비서
- 119 고깃집 아르바이트
- 122 아픈 사람에게 건네는 축하
- 124 눈물에 젖은 빵
- 126 압박 아닌 압박
- 129 따뜻한 세상

132　쓰레기는 쓰레기통에

136　인생책임자

139　오라는 지시는 까딱

141　아프면 약한 사람

145　일찍 일어나는 새가 욕먹는다

147　비품 관리대장

152　수박 폭탄 돌리기

157　묻는 건 괴로워

161　음식 스무고개

165　또라이

169　새로 쓰는 복지 개념

173　낮. 우. 밤. 다

177　눈 뜨고 음식 베이다

181　빙수 배달부

185　작고 소중한 식대

191　잘 쓰고 있습니다

193　연봉 염전 넓히기

199　에필로그

204　그 후 이야기

등장인물

회장 & 아빠

키가 작음에도 불구하고 뿜어져 나오는 카리스마가 있다. 양 볼 가득 뭔가를 넣은 듯 욕심 주머니를 달고 있다. 특기는 막말하기.

사장 & 엄마

금을 좋아한다. 목, 귀, 팔, 손에 금붙이들을 주렁주렁 달고 있다. 풍채가 좋다. 그래서인지 살에 굉장히 예민하다.

부사장 & 큰아들

키가 크고 멀끔하게 생겼다. 겪어보면 '겉모습으로 사람을 판단하면 안 되겠구나' 싶다. 가족을 끔찍하게 사랑하고, 직원은 나 몰라라 한다.

조이사 & 사위

현대판 남자 신데렐라, 데릴사위다. 평민의 삶을 살아봤는데 그 기억은 잊은 지 오래인가 보다. 목소리에 속았다. 나긋한 중저음 목소리로 일을 엄청나게 시킨다.

김대리 & 딸

살에 민감한 엄마를 둬서 마른 체형일 줄 알았는데, 그렇지 않다. 세상 물정 모르는 부잣집 막내딸 느낌이 팍팍 난다. 건네는 말에 악의는 없으나, 기분을 묘하게 나쁘게 만든다.

송과장 & 고인물 직원

20대에 입사하여 현재 나이 40대 중반. 절대 나이는 말하지 않는다. 고인물 중의 고인물로 잡담의 여왕이다. 함께 이야기하면 30분 안에 기가 다 빨린다.

장미언니 & 입사 동기

수리보다 3살 많은 입사 동기. 눈치가 없다. 아니 눈치 없는 척하는 것 같다. 중요한 순간에는 늘 빠르다.

수리 & 신입 직원

사회 초년생. 첫 회사가 가족회사다. 뭔가 잘못된 것 같지만, 확신은 없다. 일단 회사에 다닌다. '원래 회사 생활이 이런 거야?'라며, 오늘도 출근한다.

저 가,
족같은 회사 다니는데요

프롤로그

    대학교 졸업 후, 희망하는 회사에 입사하기 위하여 공부했다. 내가 가고자 하는 길에 확신으로 공부에 매진했다. 흔히들 공부는 엉덩이 싸움이라고 한다. 엉덩이 싸움에 이길 자신이 있었지만, 막상 해보니 쉽지 않았다. 현실의 벽은 높았다. 내가 푼 문제의 답을 매기면, 나의 점수는 엉덩이 반쪽도 안 앉아있는 꼴이었다. 막연한 두려움은 자존감을 갉아먹었고, '난 안 될 것 같다'라는 결론을 내렸다. 그리고 바로 취업전선에 뛰어들었다. 내가 좋아하는 일을 하고 싶지만, 그것이 무엇인지 잘 모르겠다. 내가 잘하는 일을 하고 싶지만, 그것도 무엇인지 모르겠다. 그저 전공에 맞춘 직무로 이력서를 썼다.

한 군데에서 연락이 왔다. 서류 통과 연락이다.

"내일 면접 볼 수 있나요?"

취업은 절실했고, 서류 합격 전화만으로도 기뻤다.

다음 날, 바로 면접을 봤다. 20분간의 실무자와의 면접이 끝나고, 회장 면접이 이어졌다. 하루 만에 면접 1차, 2차를 치르다니.

"들어가세요."

테이블에 앉아서 기다리는 나를 부르는 소리다. 사장실에 들어가니 낮은 테이블이 놓여 있고, 양쪽으로 소파가 길게 늘어져 있다. 상석인 자리에 사장이 앉아 있다. 나는 소파에 앉아, 회장을 바라보았다. 체구가 작은 회장은 한쪽 발을 테이블 위에 올리고, 손가락에 침을 묻히며 이력서를 넘긴다.

곧이어 내뱉은 사장의 첫 질문은.

"아버지 뭐 하시니?"

두 번째 질문은

"모친은?"

면접 보고 1시간 뒤, 전화벨이 울린다. 합격했다는 말과 함께, 다음 주 월요일부터 출근하기로 했다.

뒤늦게 생각해 보면 사장과의 면접은 도망치라는 신호였다.

먼저 본 면접자가 씩씩대면서 사장실을 나왔었는데, 그때는

눈치채지 못했다. 순진했던 걸까. 멍청했던 걸까.

그렇게 나는 가족 같은 회사에 입사했다.

입사하고 보니

서로를 부르는 호칭이 이상하다.

'야.'

'너.'

친구 부르듯 편안한 호칭이 난무한다.

이 회사 괜찮을까?

냉면 대신 선택한 떡만둣국

 무더운 여름날에는 시원한 음식이 제격이다. 시원한 음식으로는 메밀국수, 막국수, 밀면 등이 있다. 이런 쟁쟁한 후보들을 제치고 선택된 점심은 냉면이다. 살얼음 동동 띈 물냉면은 여름의 더위를 한껏 날려줄 것이다. 음식점에 도착했다. 여름철이라 사람이 많다. 인산인해인 틈을 비집고 대기 번호 2번을 받았다. 문 앞에는 음식 모형이 있었다. 9,000원이라고 쓰인 가격표 위에 냉면 그릇이 있다. 그 안에 있는 냉면의 양이 어마어마하다. '모형이라 과장되지 않았을까?'란 생각이 들었다.

"대기 2번 손님 들어오세요."

드디어 우리 차례다. 들어가는 순간, 나는 누구보다 빠르게 냉면 양을 보았다. 면이 크게 두 덩어리가 들어가 있었다. 직감했다. '내가 못 먹는 양이구나'라는 생각이 들자마자 또다시 내 눈동자는 바빠졌다. 다른 음식을 시키기 위해서다. 왜냐하면 음식을 다 못 먹으면 사장이 호통을 치기 때문이다. 호통을 안 당해본 사람은 모른다. 호통을 피하고자 선택한 음식은 떡.만.둣.국.이다. 구세주다. 사장은 비빔냉면, 송과장은 물냉면, 나는 떡만둣국을 주문했다. 사장은 떡만둣국을 시킨 나에게 "날도 더운데 무슨 떡만둣국이니? 여름인데 냉면을 먹어야지!" 타박한다. 그 소리를 들은 후, 나는 안절부절못했다. 타박 때문이 아니다. 떡만둣국도 양이 많을까 봐 두려워서다. 타이밍 좋게 사장의 핸드폰에 전화벨이 울리고, 전화하고 있는 틈을 타 떡은 빼달라고 말했다.

음식이 도착했다. 떡만둣국에 떡이 없다. 마음속에서 '앗싸~'를 외칠 무렵, 직원이 내 앞에 밥공기를 내려놓는다. 밥뚜껑을 여는 순간, 식은땀이 났다. 떡 피하려다 밥 만났다. 야속하다. 메뉴판에 밥도 나온다고 쓰여있어야 하는 거 아닌가. 밥도 고봉

밥이다. 일단 밥 한술을 크게 떠서 국물에 말았다. 열심히 먹었다. 먹은 지 10분이 채 되지 않았는데, 사장은 게 눈 감추듯, 소리 없이 냉면을 다 먹었다. 속도는 어찌나 빠른지, 나의 만둣국은 절반 이상 남았다. 또 한 가지를 간과했다. 만둣국의 양은 냉면보다 적을지언정 뜨거운 음식임을 생각하지 못했다. 먹는데 뜨거워서 속도를 내지 못했다. 원통하다. 절반이나 남아있는 만둣국을 보고 있자니 까마득했다. 그래도 열심히 먹었다. 사장은 옆 테이블에 아는 사람을 만났고, 인사를 나누었다. 만둣국이 구세주가 아니라, 사장의 아는 사람이 구세주였다. 그 틈을 놓칠세라 만둣국에 찬물 한 컵을 부었다. 맛은 필요 없다. 일단 다 먹어야 한다. 고개를 들어 사장을 보았다. 몇 초의 시간이 더 있었다. 가능할지 모르겠지만 시도했다. 두꺼운 만두피를 사악 걷어내 밥공기 안에 넣고, 뚜껑을 덮었다. 그리고 마지막 한 개 남은 왕만두를 빠르게 입에 욱여넣었다. 성공했다.

구세주라 생각했던 만둣국에 배신당했다.

다음에는 다른 음식을 시켜야겠다.

단품으로 만두만 시켜볼까.

오늘도 출근한다.

괜찮다고 최면을 걸어본다.

'모닝똥 싸러 가는 거잖아.'

횡단보도를 건너지 않은 자

 어김없이 점심시간이 찾아왔다. 점심을 먹으러 밖을 나섰다. 5월이지만 햇빛은 강했다. 초록색으로 변한 잎들은 바람에 날린다. 잔디밭에 돗자리를 펴고 누우면 안 좋았던 기분마저 좋아질 날씨다. 공원이 있다면 돗자리를 펴놓고, 쉬고 싶다.

오늘 갈 음식점은 횡단보도를 건너야 한다. 2개로 나눠진 횡단보도는 한 개는 짧고, 한 개는 길다. 빨간불이다. 나는 횡단보도 앞에서 멈췄다. 그 순간 나를 지나쳐 사장과 송과장이 지나간다. 빨간불을 무시한 채 당당하게 횡단보도를 건넌다. 당황해하는 나에게, 송과장은 빨리 건너오라며 손짓한다.

그 횡당보도는 중심거리에 있다. 점심시간이라 건물에 있던 사람들이 쏟아져 나왔다. 직장인, 노인, 심지어 강아지까지 횡단보도 앞에서 파란불로 바뀌기만을 기다리고 있었다. 그들은 그 두 사람을 바라봤다. 나는 연신 손짓하는 송과장에게 외쳤다.

"빨간불이에요. 파란불이 되면 건널게요"

그래도 송과장은 인상을 찌푸린 채로 계속 오라고 손짓한다. 내가 지금 짧은 횡단보도를 건너도 중간에서 건너편으로 가지도 못한 채 서 있어야 하는데 굳이 신호를 무시하며 갈 필요가 있을까? 결국 장미언니는 빨간불이 켜진 횡단보도를 건넜고, 나는 건너지 않았다. 파란불이 되자마자 뛰어 그들 뒤를 따라갔다. 우여곡절 끝에 음식점에 도착했다. 맛있게 먹고 있는 나에게 사장이 말한다.

"어지간히도 신호 잘 지키는가 봐."

내가 잘못한 행동이었을까?

사회생활이라면 신호를 무시한 채 건너는 게 답이었을까.

노비면 다 같은 노비인 줄 알았다.

노비도 대감집 노비를 하라고 하라는 말.

틀린 게 하나 없다.

이번 생에 대감집 노비 할 수 있을까?

21세기 문지기

7층에는 여러 회사가 입주하고 있다. 그중 눈에 띄는 철문. 7층의 유일한 철문이다. 철문에는 도어록이 설치되어 있다. 직원들은 도어록 비밀번호를 누르고 사무실에 들어간다. 회사를 방문하고자 온 손님은 비밀번호를 모른다. 어떻게 들어갈 수 있을까? '인터폰을 누르면 되지 않아?' 인터폰이 없다. '소리쳐 부르면 되지 않아?' 방음은 어찌나 좋은지, 복도에서 나는 소리는 사무실에서 들리지 않는다. 사무실에 들어갈 수 있는 유일한 방법. 바로 철문을 두드리는 것이다.

똑똑

누군가 들어오려고 문을 두드린다. 평소라면 몸이 자동으로 반응하여 자리에서 일어났을 텐데, 오늘따라 몸이 무겁다. 한 번 더 울려 퍼지는 '똑똑' 소리. 그 소리를 듣고, 한 명이라도 일어날 법한데, 그 누구도 자리에서 일어나지 않는다. 김대리가 나를 째려보듯 바라본다. 송과장도 거든다.

"수리 씨, 누구 왔나 봐."

말 끝나기가 무섭게 문 두드리는 소리가 거세진다.

똑똑똑똑똑똑

내가 문을 여는 순간, 다람쥐 같은 작은 아이가 쏙 하고 들어온다. 곧장 김대리에게 달려가 안긴다. 김대리의 딸이다.

"엄마, 왜 문을 안 열어줬어!"

울먹이는 목소리로 외친다. 그 순간 정적이 흐르고 모두가 나를 바라본다. 하루에도 몇 번씩 울리는 철문 두드리는 소리에 나는 노이로제가 걸릴 것 같았다. 이 기회에 김대리에게 희망 사항을 말했다.

"철문을 유리문으로 바꿨으면 좋겠어요."

"철문이 더 좋아."

"좋은 점이 뭐가 있어요?"

나의 물음에, 옆에 있던 송과장이 답한다.

"잡상인들이 못 들어오잖아. 유리문이면 얼마나 무섭다고."

길거리에 있는 상점, 식당 대부분이 유리문이다. '무슨 말이에요?'가 목 끝까지 차올랐지만 참았다.

"인터폰 설치는요? 인터폰 있으면 얼굴 확인도 되고, 더 좋아요. 잡상인들은 문 안 열어주면 되잖아요."

"돈이 들잖아요."

'그 돈도 못 써요?'가 목 끝까지 차올랐지만 한 번 더 참고, 물었다.

"그럼, 손님이 올 때마다 철문을 열어줘야 하나요?"

그 말을 들은 부사장, 송과장, 김대리의 표정이 똑같다. '문 열어주는 게 힘들어?'라는 생각이 표정에 역력하다.

채용공고 '담당업무 및 자격요건'에 적어주지.

[문지기 인재 채용]

엎어통

　오후 2시 50분. 부사장의 손님이 왔다. 5분 단위로 계속 온다.

"커피와 차 있는데 어떤 거 드릴까요?"

"커피는 어떤 거예요?"

"커피는 커피믹스랑 원두커피 있습니다."

"원두커피 주세요. 얼음 넣어서요."

또 다른 손님이 왔다.

"커피와 차 있는데 마실 거 어떤 거 드릴까요?"

"녹차 말고 다른 차 있나요?"

"보리차 있어요."

"보리차 말고 다른 차는 없나요?"

주문받는데 어찌나 까다로운지. '사서 오면 안 되나? 여기가 카페인가.'라는 생각이 들었다.

나는 마지막으로 주문받은 8번째 커피를 들고 회의실로 갔다. 나가려던 나를 부사장이 낮은 목소리로 부른다.

"수리 씨, 한 잔 더 주세요. 저는 원두 내린 커피요."

다 마신 커피잔을 나에게 내민다. 커피를 타기 싫은 나의 마음을 정수기가 알았나 보다. 물이 똑 떨어졌다.

"물이 없어요."

물이 없다니 무슨 소리인가 싶은지, 모두가 동그랗게 눈을 뜨고 나를 바라본다.

회사 정수기는 큰 물통을 엎어서 쓰는 정수기다. 일명 생수통 정수기. '엎어통'이라고도 부른다. 정수를 할 수 있는 필터가 없고, 먼지가 잘 낄 수 있어서 위생상 그리 좋지 않다. 생수통 1개의 무게가 19킬로 정도 되는데, 교체는 나의 몫이다. 업어치기 하듯 들어 내리꽂아야 하는데, 그럴 때마다 물을 질질 흘렸다. 회사에는 '물하마'만 있는지, 교체 시기가 점점 짧아져 힘들었다. 그래서 직수기 대여비를 알아봤다. 월 3만 원. 생수통 가격은 하나에 6천 원. 한 달에 많이 쓰면 4통으로 24,000원이 든다. 건의했지만 반려됐다. 한 달에 6천 원 차이인데도 불구하고, 비싸다는 게 이유였다. 그 결과 오늘의 물이 없는 초유의 사태가 벌어졌다.

그래서 나는 물이 없다고 말하고 회의실을 나왔다. 회의가 끝나고 부사장은 나에게 와서 말한다.

"물이 없는 걸 말했어야 하나요?"

'물이 없는 걸 없다고 그러지, 내가 화장실 똥물을 퍼주리. 진작 직수기로 바꿔줬으면 이런 일이 안 생겼을 거 아니야. 내가 7층 사무실을 돌면서 물 동냥이라도 해야 하나.'라는 생각이 들었지만 상냥하게 웃으며 말했다.

"네. 주의하겠습니다."

그리고 덧붙여 물었다.

"혹시 직수기로는 안 바꾸실 건가요?"

그의 대답은 듣지 못했다.

'나의 소중하고 적은 근육을 엎어통을 엎는데, 쓰고 싶지 않다. 제발!'

오빠

 부사장은 자전거를 굉장히 좋아한다. 나의 월급 5배가 넘는 가격의 자전거를 회사에 들고 와 자랑을 한 적이 있다. 그뿐만이 아니다. 부사장실 문을 열면 오른쪽에는 자전거를 걸어두고, 시합에 나갔던 복장을 펼쳐 벽에 걸어 놨다. 얼마나 자전거를 사랑하면 실내 자전거 게임을 하기 위하여 사무실에 실내용 자전거를 설치했다.

 월요일 아침부터 어수선하다. 부사장은 주말에 다녀온 자전거 동호회 이야기에 푹 빠졌다. 주말에 시합 준비로 만난 사람들 이야기로 가득하다. 부사장은 갑자기 나의 나이를 묻는다.

"수리 씨, 몇 살이죠?"

"28살입니다."

"수리 씨보다 어린 친구들도 자전거 동호회에 나와요. 나올 생각 없어요?"

무대답으로 대답을 대신했다.

"오면 재밌을 텐데. 수리 씨보다 어린 친구들한테 오빠, 형 소리 들어요."

뿌듯한지 자랑스럽게 말한다. 그 순간 송과장이 말한다.

"수리 씨도 오빠라고 해 봐."

갑자기 오빠라는 소리에 말문이 막혔다. 어떻게 오빠라는 말을 할 수가 있는지 이해가 가지 않았다. 일제히 모두가 나를 본다.

그들은 오빠라는 말이 나오기를 기다리는 것처럼 보인다. 어느 그 누구도 '오빠라고 어떻게 해.'라고 말해주는 사람은 없다.

"과장님, 저는 사적으로 만난 사이가 아니잖아요?"

부사장과 송과장의 나이 차이는 1살 차이다.

'과장님이 오빠라고 하세요.'

회사에 다닐 이유를 적어 보았다.

1. 미래를 위한 적금
2. 어디든 갈 수 있는 자동차
3. 독립할 수 있는 집

이번 생에 이 월급으로 할 수 있을까?

'엄마 뱃속으로 다시 들어갈래'

꾸밈비

회장은 점심시간이 다 되었을 무렵 "한 실장, 홍린 한식당 갑시다." 실장과 같이 나갔다. 거래처 사장을 만나고 오는 듯 보인다. 홍린 한식당은 방으로 되어 있고, 음식도 깔끔하여 사장은 거래처 사장과의 접대일 때 자주 가는 곳이다.

2시간쯤 지났을까. 비틀거리며 회장이 들어온다. 나는 칸막이 밑으로 고개를 푹 숙였다. 딱 봐도 약주를 걸치고 들어오신 것처럼 보였다. 쿵. 쿵. 쿵. 걸어오는 발걸음 소리가 크게 들린다. 그리고 발걸음 소리가 더는 들리지 않는다. 고개를 살짝 들었다. 걸어오던 회장이 보이지 않는다. 그 순간 옆을 바라보니 사장이 나를 바라보고 있다. 놀라 토끼 눈이 된 나에게 말한다.

"회사 올 때 정장으로 입고 다녀라! 치마도 입고!"

약주를 먹으면 회장은 직설적으로 말한다. 사장이 호통을 치면 평소에는 아무 말 하지 않았지만, 오늘은 왠지 한마디를 하고 싶었다.

"돈이 없습니다."

"남자 한 명 물어서 얻어먹어라."

며칠 전, 사장도 한마디 했다.

"아가씨인데, 왜 이렇게 안 꾸미니! 좀 꾸며라."

그날따라 사장은 출근한 나를 위아래로 훑었다. 훑는 눈동자를 보는 기분이 썩 좋지는 않았다.

나의 출근 복장은 셔츠에 슬랙스다. 계절마다 똑같은 옷, 색깔만 다른 색으로 구매해 교복처럼 입고 다녔다. 꾸미진 않지만 나름 깔끔하게 입고 다닌다고 생각했는데 회장, 사장 눈에는 아니었나 보다.

'누추한 곳에 맞는 옷 입고 다니고 있어요.

꾸밈비라도 주셨으면 잘 입고 다닐 텐데요.'

가슴속에 사직서를 품고 다니다
이제는 책상에 양보했다.

사직서는 책상 서랍 속에 품고 다니고,
나의 가슴속에는 희망을 품고 다닌다.

책상도 따뜻하고, 나도 따뜻하고.
이것이 바로 누이 좋고, 매부 좋고.

커피기계

부사장은 커피기계에 푹 빠졌다.

"거래처에 갔더니 캡슐커피가 굉장히 맛있더라고요."

곧이어 부사장은 한마디 더 덧붙인다.

"송과장, 백화점에 가서 커피기계를 사 오세요."

태풍이 올 예정이라 먹구름이 자욱한 날이다. 빗방울이 곧 쏟아질 것 같다. 송과장은 이런 날씨에 가기 싫어서 여러 핑계를 댄다. 그런 송과장에게 부사장은 정확한 브랜드명을 알려주며 단호하게 다녀오라고 말한다. 결국 송과장은 간다고 말하며, 부사장에게 허락을 구한다.

"수리 씨도 같이 가도 되죠?"

"네. 같이 다녀오세요."

봉변 맞았다. 같이 다녀오라는 소리를 듣자마자 나는 5분 거리인 가까운 현구백화점을 검색했다. 부사장이 알려준 브랜드가 입점이 안 되어 있었다. 신나백화점을 검색했다.

'제발 입점이 안 되어 있어라. 안 되어 있어라.'

입점이 되어 있다. 부사장은 빨리 가라며 독촉한다. 별수 없이, 40분 거리에 있는 신나 백화점으로 향했다. 제품명을 알려줘서 빠르게 커피기계를 샀다. 회사로 바로 갈 줄 알았는데 송과장이 안 간다.

"커피랑 같이 먹을 흑설탕 사자."

곧 비가 쏟아질 건데, 회사로 빨리 가지 않는 송과장이 답답했다.

'동네 마트에서 사도 되는데, 왜 백화점 마트에서 사야 하지?'

흑설탕은 핑계였다. 자신이 먹고 싶었던 빵집을 찾아 계속 돌아다녔다. 무거운 커피기계를 들고 돌아다니는데, 짜증이 솟구쳤다. 커피기계를 던져버리고 싶었다. 결국 송과장이 원하던 빵을 사고 회사로 복귀했다.

오는 내내 떨어지는 굵은 빗방울에 송과장은 핸들을 바짝 움켜쥐고 어깨를 반쯤 굽은 채 운전했다. 운전에 미숙한 송과장을 보고 있으니 내가 더 불안하였다. 저승길로 갈까 봐 조마조마하여 덩달아 나도 몸에 힘이 들어갔다. 커피기계 사러 갔다가 몸살 걸릴 것 같다. 다녀오고 나서야 생각이 났다.

'인터넷으로 사면 안 돼요?'

물론 씨알도 안 먹힐 소리라는 건 알고 있다.

뚜벅이의 외근

외근을 다녀온 조이사가 장미언니를 부른다. 그녀는 못 들었는지 대답하지 않는다. 내 자리에서도 들리는데, 분명 못 들은 게 아니라 못 들은 척하는 거다. 보다 못한 송과장이 입을 떼려는 순간 조이사가 일어나 장미언니에게로 간다. 장미언니에게 세 발짝만 가면 더 가면 되는데, 그 순간 언니는 갑자기 일어나 "담배 냄새!" 하면서 밖을 나간다.

눈이 휘둥그레진 조이사는 나에게 말한다.

"안 바쁘지?"

'안 바쁘지?'라고 묻는 건 '안 바쁘다고 말해'로 들렸다. 뭔가 알 수 없는 기운이 확 들어온다. 장미언니도 그 기운을 느껴서 '담배 냄새'를 외치고 일어난 걸까. 선견지명이 있었던 걸까.

"네?"

"구청에 다녀와."

이 업무는 조이사가 해야 할 업무다. 급한 업무도 아니었고, 급한 상황도 없었다. 내가 가야만 할 상황이었다면 흔쾌히 가겠다고 했을 것이다. 어제 조이사는 근무 시간에 골프를 치러 갔다. 그저께는 2시간 동안 가족들과 밥 먹으러 멀리 다녀왔다. 나는 정신없는 한 주를 보냈다. 업무량에 치여 야근하면서 일했다. 아직 일은 남았다. 나는 키보드 아래에 깔린 종이를 바라보며, 대답하지 않았다.

"왜? 힘들어? 별거 없어."

"일이 많아요," 말끝을 흐렸다.

"그럼 한 시간 일찍 마쳐서 가면 되겠네."

회사에서 구청까지 차로는 30분 만에 갈 수 있는 거리이지만, 대중교통인 버스로 갈 때 1번 환승, 지하철은 2번 환승으로 가야 한다. 걷고 대중교통을 기다리는 시간까지 합하면 한 시간은 족히 걸리는 거리다. 아량을 베푸는 듯한 한 시간 일찍 퇴근해서 가라는 말에 말문이 턱 막혔다. 대답을 안 하고 있으니 조이사가 말한다.

"신분증 들고 가서 수임인 인적 사항에 나의 이름 적고 토지과로 가면 돼."

"저 신분증 안 들고 왔는데요."

가기 싫은 나의 마지막 발악이었다. 조이사는 신분증도 안 챙기고 다니냐는 듯한 한심한 표정으로 나를 바라본다. 한숨을 푹 내쉬며 말한다.

"내일 다녀와."

뚜벅이의 마음을 알까.

더운 날은 더워서 힘들고,

추운 날은 추워서 힘들고,

비 오는 날은 비 와서 힘들다.

#퇴사짤을 모으고 있다.

퇴사하는 날
회사 컴퓨터 바탕화면에
깔아두고 나오고 싶어서.

프로필사진 변경은 덤.
메신저 차단도 덤.

뛰어가는 키오스크

요즘 부쩍 사장의 친오빠가 자주 회사에 온다. 부사장은 조카가 된다. 부사장은 사장의 오빠에게 '외삼촌, 근처에 오면 회사에 들러서 커피 한잔하고 가세요.'라고 매번 말한다. 그래서 그런지 일주일에 2~3번은 온다. 예전에는 커피를 드리면 '감사합니다.'하며 마셨는데, 이제는 당연하다는 듯 고개만 끄덕인다.

오늘도 어김없이 사장의 오빠가 회사에 왔다. 점심시간이 다 돼서 부사장이 묻는다.

"외삼촌 낙지볶음 먹으러 갈까요?"

"낙지볶음 좋지."

사장은 송과장과 나도 같이 가자고 하여 같이 밖을 나섰다. 내가 제일 앞장서고, 뒤에 송과장, 그 뒤에는 사장, 사장의 친오빠, 부사장이 나란히 길을 걸었다. 얼마 걷지 않아, 사장의 오빠가 혼잣말로 말한다.

"지금 가면 자리가 없을 텐데…."

낙지볶음 맛집이라 대기는 기본이다.

그 말을 들은 사장은 앞에 가고 있는 송과장과 나에게 소리친다.

"얼른 뛰어가서 자리 잡아 놔."

사장의 말이 떨어지기 무섭게 송과장이 달린다. 송과장은 뛰면서 나에게 말한다.

"뛰어!"

그녀의 얇디얇고, 힘없는 머릿결이 나풀나풀 날리는데, 힘겹게 날린다. 안쓰럽다. 나를 지나치며 뛰어가는 송과장을 바라만 보며 뛰지 않았다. 조금 빠른 걸음으로 걸으니, 뒤에서 사장이 나를 콕 집으며, 한 번 더 말한다.

"수리야 뭐해. 빨리 가서 자리 잡아 두지 않고!"

직장인 점심시간.

밥 먹는 거 힘드시죠?

뛰어서 식당 예약을 잡아드립니다.

전화 주세요.

010-XXXX-8282

뛰는 예약, 인간 키오스크, 수리입니다.

오늘은 월급날이다.

통장에 찍힌 코딱지만 한

월급을 보고 있으니

귀

엽

다

저 가,
족같은 회사 다니는데요

빵 차리기

 김대리는 커피를 정말 좋아한다. 하루에 커피 2잔은 기본이다. 출근길에 그녀의 손에는 커피 한 잔이 꼭 들려있는데, 오늘은 커피를 못 사 왔는지 출근하자마자 카페를 다녀오려는 모양이다. 송과장에게 말한다.

"저 카페 다녀오려고요. 언니 아이스아메리카노 마실래요?"

"아니 나는 따뜻한 거"

"따뜻한 거는 회사에 많잖아요."

송과장은 커피를 안 좋아한다. 커피를 무슨 맛으로 먹는지 모른다고 하는 사람이다. 김대리의 마지막 말에 나는 슬쩍 눈동자만 굴려, 송과장을 봤다. 입만 웃는다. 대답을 안 하는 송과장을 뒤로한 채, 김대리는 커피를 사러 나갔다. 나가자마자 송과장은 주절주절 내뱉는다.

"그럴 것 같으면 커피도 회사에 있는데. 그러면 왜 커피는 나가서 사 마셔?"

"맞아요. 맞아요."

장미언니는 옆에서 맞장구를 친다. 나의 눈동자는 재빨리 모니터를 응시했다. 그런 나에게 송과장은 동의를 구하듯 묻는다.

"안 그래?"

나도 송과장처럼 입만 웃을까 했지만, 눈도 살짝 감는 듯 웃어 보였다.

카페를 다녀온 김대리 손에는 커피와 비닐봉지가 들려있다. 내 앞으로 곧장 와서는 비닐봉지를 내민다.

"수리야 빵 먹을래?"

"아니요"

대답과 동시에 김대리는 나에게 한 번 더 봉지를 내민다.

"먹어. 맛없어 보여도 맛있을 거야."

"저 안 먹고 싶어요."

"왜 안 먹어?"

다시 한번 더 빵 봉지를 내민다.

'안 먹는다는데, 왜 자꾸 봉지를 주는 거야?'

그 순간 내 생각을 읽기라도 하듯, 김대리는 나의 책상 위에 봉지를 놓으면서 말한다.

"아니, 빵 자르라고."

돌아서다 다시 뒤돌아 말한다.

"우리 엄마도 가져다 드려. 일회용 그릇 말고 접시에~"

밥 차리기 아니고, 빵 차리기다.

예쁜 그릇에 담아서 차려드려야죠.

예쁜 포크는 필요하지 않으세요?

유리병 우유

 아침 출근길, 비가 추적추적 내린다. 회사 앞까지 가는 버스를 눈앞에서 놓쳤다. 12분 후 버스 도착이다. 기다리는 동안 한 손은 우산을 들고, 이어폰을 끼고 음악을 들으며 서 있다. 주머니 안에서 진동이 울린다. 휴대전화를 꺼냈다.

액정에 찍힌 글자.

'부. 사. 장. 님.'

핸드폰 괜히 꺼냈다. 가방 안에 다시 넣었다가 다시 꺼냈다.

심호흡을 한 번 한 뒤, 전화를 받았다.

"네. 부사장님."

"수리 씨, 오고 있나요? 오는 길에 우유 있죠. 병에 든 우유 사 오세요."

"유리병으로 된 우유요?"

나는 유리병으로 된 우유를 먹어 본 기억이 없다. 유리병 안에 든 우유를 본 적도 없다.

"네. 종이에 든 허접한 거 말고 유리병으로 된 거 있죠. 유리병으로 된 우유 사 오세요. 훨씬 고소하고 맛있습니다. 돈은 사무실 오면 주겠습니다"

전화를 끊고, 인터넷 창을 켰다. '유리병 우유'를 검색했다. 없을 거라는 예상과는 달리 외국에서 나오는 유리병 우유가 있다. 그러나 회사 근처 슈퍼에서 파는지는 모르겠다. 일단 버스에서 내려 슈퍼로 향했다.

"사장님, 유리병으로 된 우유 있어요?"

"유리병 우유? 그런 게 있어요? 30년 가게 하면서 유리병 우유 찾는 건 또 처음이네."

"그러게요…." 멋쩍었다.

"비싼 마트 있잖아. 유기농 마트. 그런 곳에 있는 거 아니야?"

"네 그런 것 같아요. 우유 계산해 주세요."

유리병 우유 대신 플라스틱에 담긴 우유를 샀다. 사무실에 도착하여, 부사장에게 플라스틱 우유를 내밀었다.

"유리병 우유 없나요?"

"네. 이 우유도 고급이에요."

고맙다는 말도 없고, 우윳값 3,200원도 주지 않는다. 플라스틱 우유를 마시며, 유리병 우유 맛에 대해 일장 연설을 하고 있다. 계속된 연설에 질려 버렸다. 시간을 되돌릴 수만 있다면, 유리병에 담긴 주스 한 개를 사서, 내가 마셔버리고 거기에 우유를 담아서 주고 싶은 심정이다.

'다있소'를 다녀올 걸 그랬다.

'다있소'에서 파는 1,000원짜리 유리병에 담아 줄 걸.

'고급 유리병 우유. 가격은 32,000원입니다.'

우유배달 자신 있어요!

회사에 다니는 게

아니라

회사를 견디고 있다.

형광등

 여름철 사무실이 최고의 피서지다. 에어컨을 틀어놔 시원하다. 한여름 오후 2시. 밖에 나가면 익을 온도에도 사무실은 시원하다. 시원함을 느끼고 있을 무렵 송과장이 자리에서 벌떡 일어난다. 그러고는 형광등 스위치 쪽으로 간다. 비장하게 걸어가는 그녀의 뒷모습에 뭐 하는 건지 의문이 들 때, 나는 깜짝 놀랐다. 그 순간 내가 클럽에 와 있는 줄 알았다. 형광등이 요란하게 꺼졌다 켜지기를 반복했다.

"과장님, 뭐 하세요?"

송과장은 대답이 없다. 클럽의 조명은 계속됐다. 이것저것 스위치를 만지던 송과장이 흡족한 표정을 짓는다. 그리고 말한다.

"사무실이 너무 덥다. 불을 꺼야겠어."

그러고는 스위치 2개를 꺼버린다. 그 순간 나의 시야가 확 어두워졌다. 내 자리 위 형광등의 불이 사라졌기 때문이다. 모니터 밝기가 나를 더 환하게 비추었다. 당황스러웠다.

"과장님, 제 자리 불이 꺼졌어요. 잘 못 끄신 것 같아요."
"덥잖아. 불 끄면 나을 거야. 이게 최선의 밝기인걸. 딱 좋아."

며칠 전, 피부과를 다녀온 송과장은 피부에 자외선이 안 좋다고 했다. 덥다는 건 핑계고, 자기 피부 때문에, 불을 끈 것이다.

집도 아닌 사무실에서,

휴게시간도 아닌 근무 시간에,

송과장의 자리가 아닌 나의 자리 위, 형광등을 끈 행동은 이해하려 해도 이해할 수 없다.

'*저의 시력은요? 누가 보상해 주나요?*

산재 신청되나요?'

눈앞에서 빗 뺏기기

 김대리가 딸을 데리고 회사에 왔다. 딸은 초등학교 1학년, 8살이다. 딸은 조이사를 쏙 빼닮았다. 찢어진 눈, 가늘고 긴 팔과 다리. 성격도 조이사를 닮은 것 같은 딸은 엄마인 김대리에게 떼를 쓴다.

"태블릿 줘. 태블릿 보고 싶단 말이야."

"충전 중이야. 충전이 다 되면 줄게."

회사라서 조용히 시킬 만도 한데, 투정을 다 받아준다.

사장은 손녀의 머리카락이 헝클어진 것을 보고 손녀에게 다가간다.

"우리 아기. 머리 다시 묶어야겠다. 수리야 빗 있어?"

나는 서랍에서 묵혀 있던 빗을 꺼냈다. 분홍색 꼬리빗이다. 꼬리가 없는 오래된 빗이다. 사장은 받아서 든 분홍색 꼬리빗으로 손녀 머리를 빗는다. 사장은 손녀 머리를 묶으며 말한다.

"빗이 이게 뭐니? 이런 빗을 빗이라고 들고 다니니? 이 빗 놔둬라. 우리 손녀 머리 빗겨 줘야겠다."

잘 빗겨지면 된 거 아닌가. 눈앞에서 빗 뺏겨버렸다.

옛날 프로그램인 '전설의 고향'에 한 여인이 묘지로 가서 시체의 다리를 자르는 순간, 시체가 벌떡 일어나 "내 다리 내놔!"라고 외치며 그 여인을 쫓아가는 장면이 있다.

분홍색 빗은 나의 머리카락과 분신이다.

나의 머리카락을 가져간 것과 진배없다.

"내 빗 내놔!"

전화 대리인

전화는 왜 이렇게 많이 오는지 목이 쉴 지경이다. 누가 내 전화를 대신 받아줬으면 좋겠다.

따르릉따르릉

전화벨이 울린다. 수화기를 들어 전화를 받으려는데, 조이사가 부른다.

"수리야. 수리야."

나는 고개를 돌려, 조이사를 바라보았다. 손으로 통화 중이라고 표현했다. 조이사는 고개를 2번 끄덕였다. 전화를 끊자마자 조이사는 나를 부른다.

"수리야. 아까 연락해 왔다는 곳 있지."

조이사가 자리 비웠을 때, 전화 메모를 남겨 놓은 것을 말하는 듯 보였다.

"네."

"전화 걸어서 나한테 바꿔줘."

10분 전, 자리에 온 조이사에게 전화해달라는 메모를 건넸었다.

거래처, 담당자, 전화번호, 용무까지 적어서 말이다.

"전화 받은 메모, 이사님 드려서 저한테 없어요."

"응. 가져가서 전화해."

잘못 들었는지 싶어서 되물었다.

"예?"

"전화해서 나 바꾸라고."

나에게 왜 다시 묻냐는 표정이었다. 그의 표정과 말투에서 진심이 묻어났다.

전화도 대신해서 걸어줘야 하나.

전화 대리인인가?

'수리 컬렉트콜입니다. 조이사님이 전화 연결을 원합니다. 통화료는 1초당 100원 부담됩니다. 계속 통화를 원하시면 아무 숫자나 눌러주세요.'

사장이 푸념을 늘어놓았다.

"무슨 일 있었는지 아니? 회장님이 뭐라고 말했는지 알아?

알면 아마 까무러칠 거야."

"네. 뭔가요?"

"내가 주말에 허리를 다쳤어. 그런데 회장님이 나한테 뭐가

아프냐고 하더라. 어떻게 그런 말을 할 수 있어?"

정적이 흘렀다. 그저 듣기만 했다.

저번 주, 다리를 다쳐 깁스한 나에게 사장이 이렇게 말했다.

"네가 운동을 안 해서 그런 거야. 운동 좀 해."

내가 다치면 아픈 거, 남이 다치면 운동 부족.

다른 맛 커피

부사장이 자기 방에서 혼자 커피를 내려 마신다. 송과장은 항상 그 커피를 마시고 싶어 했다.

"부사장님, 커피기계 밖으로 꺼내면 안 돼요?"

결국 그 커피기계는 밖으로 나왔다. 나에게는 일이, 더 늘었다. 왜냐하면 캡슐로 편하게 내려 먹는 기계가 아니기 때문이다. 원두를 갈아서 물을 부어내리는 기계다. 원두는 한꺼번에 갈아두면 안 된다. 한 번은 원두를 가는 게 귀찮아서 왕창 다 갈았다.

그것을 본 부사장이 한마디 했다.

"그렇게 갈면 원두가 산화되기 때문에 신선한 맛을 내지 못해요. 매일 먹을 만큼 원두를 갈아야 합니다. 저는 맛이 다른 걸 알고 있어요."

한대 콕 쥐어박고 싶었다. 그 후 매일 아침 원두를 갈았다. 전날 씻어 놓은 커피기계 조립을 하고, 물을 채운다. 유산지를 깔고, 그 위에 곱게 간 원두를 넣는다. 커피를 내리는 일은 내가 출근 후에 해야 하는 일과가 되어버렸다. 장미언니도 같이하면 될 텐데, 그녀는 의자와 한 몸이다.

출근하자마자 부사장, 조이사, 송과장은 커피를 마신다. 송과장이 먼저 입을 뗐다.

"커피 냄새 좋은데, 오늘은 너무 진하다. 어제가 딱 맛있었는데."

"어제 3순갈이고 오늘은 2순갈 반 넣었는데요?"

"아, 그럼 물이 적었나 보다."

"물은 더 많이 넣었는데요"

부사장과 조이사는 커피가 연하다고 한다. 커피 품평회를 가지는 시간도 추가되었다. 좋게 말하면 마치 회사의 바리스타가 된 기분이다. 어느 한 사람에게 맞추기란 쉽지 않다. 서로의 맛의 기준은 다르다.

식당에서 '물은 셀프'라고 적혀 있다.

회사에서 '커피는 셀프'라고 적어놔야겠다.

자신의 취향대로 타 마시자.

선망의 회사에 다니는 사람과

비교하는 마음을 없애기가 쉽지 않다.

'난 왜 이런 회사에 다닐까?'

이런 생각은 나의 자존감이 더욱 떨어지게 만든다.

문득 생각해 보니 누군가가 나에게 그런 말을 하지 않았다.

그런 소리는 내가 '나' 자신에게 하고 있었다.

원흉은 나였다. 나를 긍정적으로 생각해야겠다.

"이런 회사에 다니는 사람

나야 나. 나야 나. ♪"

돼지면 돼지지.

 사장은 기분이 좋은지, "오늘 점심 맛있는 거 먹자." 외친다. 맛있는 음식이라고 하면 각자가 좋아하는 음식을 떠올릴 것이다. 떡볶이, 국밥, 족발, 치킨 등 말이다. 사장에게 맛있는 음식은 피자다. 그녀가 '맛있는 거 먹자'라고 외치면 피자를 시켜야 한다. 이번에는 새우, 불고기 토핑이 올라간 4가지 맛 피자를 시켰다. 사이드 메뉴로 파스타, 치즈볼을 추가했다.

피자가 도착하고, 모두가 자리에 앉았다. 나는 '무슨 맛의 피자를 먼저 먹을까?' 고민하다가 새우가 올라간 피자를 집어 들었다. 나의 접시로 옮기려다가 상 위에 새우를 떨어뜨렸다.

"아까워"

피자 위에 새우가 몇 마리 올라가 있지도 않으니, 나도 모르게 순간적으로 내뱉었다.

그리고 나는 잘 못 들은 줄 알았다.

"주워 먹어라."

사장이 말했다. 내가 잘못 들었나 싶어서 못 들은 척했다. 그랬더니 연거푸 자꾸 주워 먹으라고 한다. '그러면 같이 나눠서 드실래요?'라고 말하고 싶었다.

피자를, 한참을 먹고 있는데, 사장이 나에게 말한다.

"수리야, 너는 결혼하고 애 낳으면 살찌겠다."

송과장은 토끼 눈이 되어 사장을 바라봤다. 나도 그 순간 참지 못하고 말했다.

"이미 쪄 있어서요."

"그래, 지금도 덩치가 이 정도인데, 결혼하면 더 커지겠다."

'딸은?'

속으로 외쳤다. 딸의 몸집은 나의 2배다. 내 마음을 읽은 건지 딸에 대해 말한다.

"내가 김대리 임신했을 때, 녹용을 먹었더니 나도 살찌고, 딸도 살이 찐 거지. 약 때문에 그런 거야. 돌연변이로 태어난 거지."

난 먹어서 찐 살이고, 사장과 김대리는 돌연변이라고 한다.

'돼지면 똑같은 돼지지.'

비전도 없다.

소속감도 없다.

성취감도 없다.

퇴사가 답일까? 환승 이직이 답일까?

난 무엇을 하고 싶을까?

그 답을 모르겠다.

상여 대신 이른 급여

출근하자마자 갑자기 부사장이 부른다. 다급한 목소리로 말한다.

"내일 급여 나가게 미리 준비하세요."

"네?"

급여 날은 매월 말일이다. 오늘은 28일. 이틀 뒤가 말일이라 굳이 내일 월급이 나갈 필요가 없었다.

"모레가 급여 나가는 날인데, 모레 나가면 되지 않나요?"

"급여 다음 날이 설 연휴잖아요. 상여 대신 급여는 하루 빠르게 나갑니다. 월급 일찍 나가니, 더 풍요로운 명절 보내세요."

급여를 하루 앞당겨서 주면서 생색을 낸다. 설 상여금도, 설 선물도 없는 곳에서 무엇을 바랄까.

'기대가 없으면, 실망도 없다.'라는 말이 있다. 내심 나도 상여를 받고 싶은 마음에, 기대했나 보다. 주변 친구들이 '나 상여로 000만 원 받을 것 같아.', '상여 받으면 뭐 하지.'하며 이런 들뜬 마음이 옳은 것 같다.

쓸쓸한 마음을 감출 수 없다.

놓는 연습을 더 해야겠다

화장의 자유

 금요일. 회사를 마치고 친한 언니의 개업식에 가기 위해 옷을 깔끔하게 입었다. 하얀색 리본이 달린 블라우스 위에 검은색 원피스를 입었다.

"안녕하세요."

회사에 출근해 인사를 하며, 나의 자리로 향했다. 송과장이 나를 바라보며 묻는다.

"어디가?"

"오늘 개업식이 있어서요."

"개업식? 개업식인데 뭘 그렇게 차려입어. 무슨 개업이야?"

"심리상담이요. 상담소 개업했어요."

심리상담이라는 말에 송과장은 갑자기 관심을 가진다.

"무슨 심리상담이야?"

"아동심리요."

"그런데 주인인 줄 알겠어. 옷은 예쁜데 화장은?"

"화장이요?"

"응. 화장 덜 한 것 같다."

"오늘 늦게 일어났어요. 머리 드라이도 겨우 했어요."

"그래도 버스에서라도 하지 그랬어."

"네. 나중에 할 거예요."

화장은 개인의 자유라 생각한다. 화장으로 '나'를 가꿀 자유도 있고, 화장을 안 하는 자유도 있다.

쉽게 외모 평가를 하는 송과장에게 나도 말하고 싶다.

'송과장님, 거울 보세요.

웜톤 얼굴에 립스틱 쿨톤 분. 홍. 색. 안 어울려요.'

열정페이

코로나 시기가 겹쳐 문의 전화가 많이 온다. 출근하여 퇴근할 때까지 최소 50통은 된다. 너무 많은 통화로 인후염이 왔다. 장미언니가 퇴사하여, 그 일까지 나의 업무가 되었다. 보름째 야근을 하고 있다. 아침에 일찍 와서 일하고, 오후에는 저녁도 못 먹은 채 일했다. 입맛이 없기도 했지만, 회사에서는 저녁을 따로 챙겨주지 않는다. 그렇다고 야근수당도 없다. 참다못한 나는 이사에게 말했다.

"너무 벅차요. 이사님. 전화만 받아주시면 안 될까요?"

"수리야, 나도 힘들다."

목 끝까지 차오르는 울분을 참고 또 참으며 말했다.

"전화가 계속 와서, 쉴 틈이 없어요. 제 일도 못 하고 있어요."

"그래, 그래서 나도 6시 이후에 일하고 있다."

"그럼 해야 할 일을 퇴근 후에 하라는 건가요? 아르바이트생이라도 구해 주실 수 없나요?"

"요즘 그 뭐라고 하지…. 그…. 열.정.페.이. 중소기업이 열정페이로 일하는 거지. 큰 회사는 자신이 하는 것만 해서 발전이 없지만, 중소기업은 여러 일을 다 하고 배우는 거야. 20대는 원래 다들 그래. 월급 적고 일 많이 하는 거야."

할 말만 하고 나가버렸다. 이사의 말을 듣고, 많은 생각이 들었다. 열심히 일하면 뭐 하나. 돌아오는 것은 더 많은 일뿐이다. 내가 말한 당일만이라도 도와주는 척이라도 하지.

'열정페이 하다가 열정만 없어지는 건데요?'

발맞춰 걷기

 무더운 여름, 점심으로 시원한 음식을 먹었다. 다 먹은 후 밖으로 나오니 무척 덥다. 시원한 음식을 먹어서 속이 시원해서 그런지, 내리쬐는 햇빛이 더욱 강렬하게 느껴졌다. 송과장은 손에 들고 있는 노란색 꽃이 그려진 양산을 폈다. 그러고는 걸어가고 있는 사장 옆으로 발걸음을 재촉한다. 사장에게 양산을 씌워준다. 두 사람은 양산을 쓰니, 급격하게 발걸음이 느려졌다. 그 속도는 평소보다 2배 정도 느려진 것 같다. 두 사람의 보폭을 맞추자니 강렬한 햇빛에 나의 얼굴은 저절로 찌푸려진다. 몸도 익어가는 것 같다. 사무실까지 들어가려면 한참 남았다. 이대로는 안 되겠다 싶어서 내 보폭대로 걸었다. 아니 오히려 발걸음이 더욱더 빨라졌다.

회사 입구다. 먼저 도착한 나는 사무실에 들어가지 않고, 1층 엘리베이터 앞에서 기다렸다. 한참 뒤 도착한 사장은 기다리고 있던 나에게 말한다.

"같이 가는 게 어렵니? 같이 가는 게 뭐 어렵다고."

발걸음 속도를 안 맞춰 걸었다고 한소리를 하신다.

발맞춰 걷는 건 군대에서 하는 거라고 들어봤다.

여기는 회사가 아니라 군대인가 보다.

'군복 사이즈 95, 군화 사이즈 240 주세요.

아, 군모도요!'

가슴 아픈 사장

 사장이 출근하는데, 표정이 좋지 않았다. 송과장은 혼잣말로 '표정이 안 좋으시네. 왜 안 좋으시지?' 했으나 나는 대수롭지 않게 넘겼다.

점심을 먹고 난 오후, 송과장은 걱정스러운 목소리로 김대리에게 물었다.

"오늘 사장님 표정이 안 좋으시던데, 혹시 집에 무슨 일 있어?"

"엄마가 가슴이 아프다고 하시더라고요."

나와 송과장은 토끼 눈이 되었다. 저번에 건강검진을 받는다고 했는데, 결과가 안 좋게 나왔나 싶어 걱정스러웠는지 송과장은 다급한 목소리로 김대리에게 되물었다.

"왜? 무슨 일이야?"

김대리는 한숨을 푹 쉬며 말한다.

"제가 출근하고 있는 걸 부모님이 안쓰럽게 보더라고요. 직원들이 일하면 되는데 굳이 나와서 일한다고요."

가슴 아픈 사연은 딸의 출근이었다.

역시 걱정은 사치였다.

내 걱정이나 하자.

고기와 맞바꾼 수당

갑자기 부사장이 점심으로 고깃집을 가자고 한다. 3개월 동안 송과장이 점심에 고기 한 번 먹자고 노래를 불러도 안 갔는데 말이다. 오늘은 웬일이지 싶었다. 고픈 배를 부여잡고, 어떤 고깃집을 갈지 기대했다.

"여기 옆에 새로 오픈한 곳, 거기 갑시다."

부사장이 말한 '거기'는 최근에 양념 돼지고기 무한리필집으로 1인에 15,900원이다. 역시 부사장은 실망하게 하는 법이 없다. 가성비로 맞서는 무한리필집이다.

무한리필집이라 반찬은 스스로 갖다 먹어야 한다. 혼자서 상추,

깻잎, 마늘, 고추, 양파장아찌를 갖다 날랐다. 한 번에 들고 가지 못해서 몇 번을 날랐다. 그리고 고기를 굽는데, 부사장이 말한다.

"고기를 먹었으니, 열심히 해야 할 일이 있습니다."

이번 주말 일하러 나와야 한다. 그것을 말하는 것인지 확인하고자 물어봤다.

"혹시 주말에 일하러 나와야 하는 거 말씀하시나요?"

"네. 오늘 고기 먹었으니, 주말에 열심히 일해야 합니다. 수당은 고기로 하면 되는 거죠."

"고기 수당 말고, 다른 수당은요?"

"다 먹었나요? 사무실 들어갑시다."

말이 끝나기가 무섭게 일어섰다. 159,000원도 아니고 15,900원 무한리필집에서 점심 먹는 것으로 이틀 치 수당으로 대체한다는 말이다. 그러면서 주말에 열심히 일하라고 말하는 모습을 보니 황당했다.

나도 모르게 마음의 소리가 나왔다.

"이걸로요?"

오만가지 생각이 든다. 퇴사 욕구가 솟구친다.

'돈은 벌어야 하는데.'
하는 생각이 들면
퇴직금 계산을 해본다.

'몇 개월만 더 버티면 돼. 퇴직금이 더 쌓여.'

근로자가 아닌가요?

 다음 주는 5월이다. 달력을 보았다. 쉬는 날이 있는지 보기 위해서다. 그날은 달력에 빨갛게 동그라미를 쳐야 한다. 별표도 쳐야지. 책상 위에 있는 달력에 손을 뻗었다. 4월로 되어 있는 달력을 한 장 넘겼다. 넘기자마자 눈에 띄는 5월 1일. 바로 근로자의 날이다. 나는 빨간색 매직으로 동그라미를 치고 별표도 쳤다. 그걸 본 송과장이 조이사에게 묻는다.

"우리 근로자의 날 쉬어요?"

"글쎄요."

돌아오는 대답은 무미건조하다. 송과장은 탕비실에서 나오던 부사장을 잡고는 한 번 더 묻는다.

"우리 근로자의 날 쉬나요?"

"작년에 쉬었나요?"

"네."

"작년에는 쉬었어도 올해는 안 쉬면 안 되나요?"

모두가 눈치를 본다.

나 역시 당연히 쉬는 날이라 생각했기에 당황스러웠다. 근로자의 날은 법정휴일로 근로자에게 주는 유급휴일이다. 이날 출근하게 되면 고용주는 휴일수당을 주거나 대체 휴무를 지급해야 한다. 무슨 논리인지 모르겠다. 참다못한 나는 물었다.

"근로자의 날은 원래 쉬는 거 아니에요?"

부사장과 조이사는 떨떠름한 표정을 지으며, 쉰다는 말은 하지 않는다.

근로자의 날에 출근하여, 근로 수당을 지급하지 않으면 3년 이하의 징역 또는 3,000만 원 이하의 벌금이 있다.

'고용노동부 어떻게 가야 하지?'

고용노동부 고객상담센터 전화번호는 국번 없이 1350.

스트레스와 카드값은 비례한다.

나의 카드값이

많이 나온 이유가 있었구나?

돌돌 말린 부의금

 조이사와 외근을 다녀오는 길이다. 오후 3시쯤 넘었을까. 진동이 울린다. 가방에서 꺼내 휴대전화를 보니 시골에 내려가 계신 엄마의 전화다. 떨리는 마음으로 통화버튼을 눌렀다.

"여보세요."

"응. 통화돼?"

휴대전화 너머로 들리는 엄마의 목소리는 떨렸고, 그 떨림은 고스란히 휴대전화를 통해 느껴졌다.

"네. 혹시…."

"응. 할머니 돌아가셨어. 짐 챙겨서 와야 해. 동생이랑 같이 조심해서 와."

친할머니는 밭에 가려고 나오다 쓰러지셨고, 결국 의식을 찾지 못했다. 기도에 관을 삽입하고, 인공호흡기로 연명하였다. 이마저도 할머니는 싫으셨나 보다. 며칠 전, 의사는 마음의 준비를 하라고 했고, 그 전화를 받자마자 부모님은 곧장 할머니가 계시는 병원으로 가셨다. 그리고 오늘 전화가 온 것이다. 마음의 준비를 하라고는 하지만 마음의 준비가 뭔지는 사실 잘 모르겠다. 울컥함이 밀려왔다. 통화를 끊고, 진정하고자 두 눈을 감았다. 옆에서 통화 내용을 들은 조이사가 갑자기 뒤적거리더니 무언가를 내 손 위에 살포시 둔다. 두 눈을 떠, 손을 내려다봤다. 한 손에 폭 들어가 있는 돌돌 말린 초록색 무언가를 말이다.

"이거 뭐예요?"

"시골 내려가야 되잖아. 차비해."

"아니요. 괜찮아요. 차비 할 돈 있어요."

"아니, 그거 부조금이야. 차비로 써."

봉투에 넣지 않은 부의금을 받아보긴 처음이었다. 보지도 듣지도 못한 경험이다. 차비로 쓰라는 부의금은 돌돌 말린 초록색은 담배 냄새가 밴 만 원짜리 몇 장이다. 마치 과자 사 먹으라고 주는 돈 같아 왠지 모르게 받기 싫었다. 부의금이란 말에 더 사양을 못 했다. 기분이 묘했다. 할머니가 가시는 길마저도 대접을 못 받는 것 같아서 슬펐다.

내 주먹 안에 쥐어진 이 돈을 가방에 넣기 싫어, 한참을 쥐고 있었다.

'할머니 가시는 길에, 꼬깃꼬깃한 돈 드리기 싫어요.'

구름 한 점 없는 맑고 화창한 날씨다.
이대로 어디든 떠나고 싶은 마음이 든다.

출근길에 든 마음이 점심시간에도 이어진다.

회사에 들어가기 싫어
마지막까지 회사 주변을 배회하다 들어간다.

노예 목줄 차고 다녀야 하나.
그러면 누군가 보고 데리고 들어가겠지.

되로 주고 말로만 받기

친할머니의 부고를 회사에 전달하여, 김대리가 이것저것 물었다.

"삼일장 하는 거야?"

"네. 삼일장 하려고요."

"오늘이 금요일이니까, 토, 일, 월 이렇게 하겠네?"

"네."

옆에서 듣던 조이사도 한마디 거든다.

"월요일 그러면 회사 출근은 할 수 있어? 어떻게 해야 할까?"

순간 고요해졌다.

조부모상 휴일 일수는 회사의 재량이다. 회사는 나에게 조부모님이 돌아가셔서 유급휴일은 없다고 통보했다. 부모님이 아니기 때문이라고 말이다. 그리고 삼일장을 치르는 동안 회사에서는 근조화환, 부의금은 없었다. 조이사가 돌돌 말아서 준 만 원짜리 몇 장이 다였다.

반면 동생들의 회사에서는 근조화환, 위로금, 경조 휴가도 나왔다. 엄마는 회사에 감사의 의미로 떡을 맞췄다. 나는 안 챙겨 갈 거라 말했다. 엄마는 그러지 말라고 하시며, 나의 회사 직원들에게 줄 모시송편과 단호박 시루떡도 각 1되씩 주문했다.

상 치르는데, 하루 연차를 쓰고 화요일에 출근했다. 얼굴 보며서 떡을 주기가 싫어, 아침 일찍 출근했다. 직원들 출근 전, 각 자리에 떡을 미리 놔두었다. 출근한 직원들은 자신의 자리에 놓인 떡을 보고도, 그 누구도 나에게 고생했다는 말 한마디가 없다. 떡에 부고 답장 스티커가 붙여져 있는데도 말이다. 그저 부고떡을 맛있게 먹기만 할 뿐이었다. 기대한 내가 바보다. 이럴 때 '말 한마디에 천 냥 빚을 갚는구나'하는 생각이 들었다. 떡을 괜히 돌렸나 하는 생각이 들었지만, 떡은 죄가 없다는 생각으로 일에 전념했다.

이윽고 부사장이 방에서 나와 나에게 말한다.

"떡 맛있어요. 떡 더 있어요?"

떡 되로 주고, 말로 받았다.

대우는

월급과

복지로

걸어 다니는 옷장

점심시간이다.

한파가 시작되었고, 바람이 차다. 추운 것을 싫어하는 나는 검은색 셔츠 위에 바람막이를 입고, 그 위에 두꺼운 겉옷을 입었다.

식당에 가는 길.

사장이 추웠나 보다.

"수리야, 네가 입고 있는 얇은 거, 하나만 벗어봐."

너무 자연스럽게 말해서 내가 사장 옷을 입고 있는 줄 알았다.

'나한테 옷 맡겨놨나. 내가 마네킹인가, 옷장인가?'

할 말이 없어진 나는 가만히 서 있었다. 송과장이 한 수 거든다.

"도와줄까?"

친절한 송과장이다.

"아니, 제가 추워서…."

내가 말하는데 듣지도 않는다. 송과장은 양손으로 나의 겉옷을 잡았다. 그리고 두꺼운 겉옷을 벗겼다. 추워서 껴입었던 바람막이를 벗으려는데 바람이 불었다. 그 바람은 순식간에 내 몸을 파고들었고, 냉기가 들어왔다. 등 뒤로 불어오는 골바람에 몸을 움츠리며 작게 혼잣말했다.

"아 추워."

바람막이를 사장에게 건네주고, 허겁지겁 두꺼운 점퍼를 다시 입었다. 춥다는 소리를 들은 송과장이 말한다.

"그 얇은 옷 하나가 크게 차이가 나?"

옷 벗으라고 하면 옷을 벗어야 하는 것도 서러운데,

추운데 춥다고 말도 못 하는 건가.

다 커서 옷 뺏겨 봤다. 신선한 충격이다.

'자랑해야지. 너 옷 뺏겨본 적 있어? 난 있어!'

배춧잎 한 장

 바깥에서부터 시끄러운 소리가 사무실 안까지 들린다. 회장이 왔음을 직감했다. 곧이어 문이 열리고, 역시나 회장이 들어온다. 그의 발걸음이 평소와 다르다. 비틀거리면서 들어오는 걸 보니 약주를 했나 보다. 비서는 그의 옆에서 어쩔 줄 몰라 하며, 작은 목소리로 '집에 가셔야 합니다.'만 반복한다. 비서의 손길을 뿌리치며 회장은 당당하게 들어온다. 하늘을 찌를 듯 한껏 올라온 불그스름한 광대가 먼저 마중을 나온다. 그러고는 내 옆에 선다. 나는 열심히 일하는 척, 눈앞에 있는 모니터만 응시하며 광선을 내뿜었다. 그는 옆에서 무엇을 찾는지 양복 안쪽 주머니에 손을 넣어 한참을 뒤적인다. 꺼낸 건 지갑이다. 약간 색이 바랜 갈색 반지갑을 열더니, 초록색 배춧잎 한 장을 꺼내 나에게 건넨다.

"옜다. 용돈이다."

"네? 아니요. 괜찮습니다."

건네받은 것을 다시 드리려고 하니 회장은 '용돈이라니까.' 하며 격양된 톤으로 말한 후 방으로 들어갔다.

내 손에 쥐어진 초록색 배춧잎 한 장을 바라봤다. 예전이었으면 생각이 많아졌을 거다. 이제는 단순하고, 긍정적으로 생각하려 한다.

할아버지가 손녀에게 용돈을 주는 게 이런 걸까.

그렇다면 외치고 싶다.

'저 노란색 배춧잎을 좋아해요.

주실 거면 노란 잎으로 주세요~!'

살아있는 양산

아직 오월이지만 자외선이 꽤 세다. 자외선이 셀 때는 볕을 가리기 위하여 쓰는 양산이 최고다. 이제는 남녀노소 상관없이 필수인 양산이지만 나는 펴고 접는 게 귀찮아서 잘 챙겨 다니지 않는다. 반면 송과장은 항상 양산을 챙긴다. 기미와 잡티로 스트레스를 받더니, 최근 피부과 시술을 받아서 더욱이 양산은 필수다.

점심시간. 사장, 송과장, 나 셋이 함께 점심을 먹으러 나왔다. 사장이 먼저 앞으로 걸어 나간다. 송과장은 사장의 오른쪽 옆에 선다. 그러고는 몸을 비틀어 노란색 꽃이 크게 그려져 있는 검은색 양산을 펴, 사장과 같이 양산을 쓴다. 뒤에서 보니 양산에 그려진 꽃이 왼쪽으로 많이 기울어져 있다. 이 정도면 같이 쓰는 게 아니라, 혼자 쓰는 것 같다. 마치 송과장은 살아있는 양산이 된 것 같았다.

송과장의 양산은 자신의 피부를 위한 양산일까. 사장을 위한 양산일까. 궁금증이 생길 즘 사장이 뒤돌아서 나를 보며 말한다.

"넌 왜 양산을 안 들고 다니니? 젊다고 그러니? 좀 들고 다녀라."

나를 위한 말일까. 왼쪽에서 양산을 씌워주길 바라는 걸까.

그녀의 짜증스러운 말투는 또다시 궁금증을 만들었다.

과연 정답은?

냉동 등갈비 김치찌개

 어김없이 돌아오는 점심시간. 사장은 요즘 김밥과 순두부찌개에 빠졌다. 항상 뭘 먹을지 고민했는데 그 고민이 싹 사라졌다. 하지만 또 다른 고민이 생겼다. 김밥과 순두부가 징글징글하다는 거다.

우리에게 선택권은 없다. 순두부찌개를 파는 가게에 들어가 자리를 잡았다. 순두부찌개 종류가 많다. 고기, 해물, 카레, 새우, 하얀 순두부 등이 있다. 이 가게의 주문 방법은 계산대에 와서 메뉴를 말하고, 선결제하여야 한다. 주문과 결제는 언제나 나의 몫이다.

"뭐 드시겠습니까" 물은 후, 결제까지 하고 자리로 온 나에게 묻는다.

"너는 뭐 시켰니?"

"등갈비 김치찌개가 있어서, 그걸 시켜봤어요."

차마 '순두부가 질려서요'라고 말하지는 못했다. 그런 나에게 사장은 한마디 더 하신다.

"왜? 엄마가 김치찌개도 안 해주니? 김치찌개 시키게?"

말문이 턱하고 막혔다. 곧이어 음식이 나오고 사장은 또 한마디 하신다.

"밥 적게 먹고 김치찌개 다 먹어라."

마치 집에서 김치찌개도 못 먹는 사람이라 다 먹으라고 말하는 걸로 들렸다. 아무런 대답을 하지 않고, 숟가락을 들어 김치찌개 국물을 한 숟갈 떠서 먹었다. 나쁘지 않았다. 그리고 국물에 담긴 등갈비를 들어 한입 베어 물었는데, 고기가 차가웠다. 다시 끓여달라고 할지 고민했다. 다시 끓이는 동안 사장이 밥을 다 먹을 것이 분명했고, 먹고 있는 나를 바라볼 시선이 부담스러워 국물에 밥만 비벼 먹었다. 그런 나를 바라본 사장이 묻는다.

"고기를 왜 안 먹어?"

"고기가 해동이 안 된 것 같아요. 차갑고 딱딱해요."

"냉동고기야. 먹어. 안 죽어."

나는 동물이 아닌데.

가족이었다면 냉동고기를 먹으라고 했을까?

"여자 결혼은 30살 전에 해야지.
중매 안 들어오니?"

'중매를 해주시고, 말씀하시지요.'
마음의 소리를 외쳐본다....

예전과 다르다.
결혼은 각자의 선택이다.

"제 앞가림은 제가 할게요."

개인비서

월요일 아침, 부사장이 방으로 부른다.

"수리 씨, 방으로 들어오세요."

똑똑. 노크한 후, 문을 열고 들어갔다. 에어컨 바람이 나를 먼저 반겼다. 시원함이 냉동창고에 들어온 줄 알았다.

"부르셨습니까."

"오늘 나가면 무척이나 덥겠죠?"

"네. 엄청나게 덥죠."

"맞아요. 오늘 매우 바쁜가요?"

더운 걸 묻고, 바쁜 걸 묻는 걸 보니 분명 뭔가를 시키려고 하는 것 같다. 그래서 대답했다.

"네. 아주 바빠요."

바쁘다고 하는데도 굳이 말을 이어간다.

"근처에 아이폰 센터가 어디 있죠?

아들 거 수리해야 하는데 갔다 올 수 있겠죠?"

개인비서인 것처럼 자연스럽고, 당당하게 말한다. 놀란 나는 토끼 눈을 뜨며 말했다.

"네?"

"한 시간만 일찍 퇴근하면 다녀올 수 있지 않나요?"

잘못 들은 줄 알았더니 아니었다.

"저는 삼싱 수리점밖에 모르는데요?"

내가 말을 뱉자마자, 부사장의 벨소리가 울렸다. 한숨을 쉬며 부사장은 전화를 받았고, 나는 바로 방에서 후다닥 나왔다.

벨소리가 나를 살렸다.

벨소리에게 청혼할 뻔했다.

'날 살린 건 네가 처음이야.'

고깃집 아르바이트

 부사장은 전날 집 앞에 있는 고깃집에서 맡은 고기 냄새가 아직도 생각이 난다며, 점심으로, 삼겹살집으로 갔다. 부사장, 조이사, 송과장, 나. 4명은 오겹살 2인분, 목살 2인분, 항정살 1인분을 시켰다. 송과장이 집게를 들어, 오겹살과 목살 한 줄을 불판에 놓았다. 고기를 자르면 보통은 살코기와 비계를 붙여서 자르는데, 송과장은 살코기와 비계를 나눠서 잘랐다. 그리고 잘 구워진 살코기는 부사장과 조이사에게 주고, 나에게는 비계를 준다. 내 앞에는 비계만 쌓였다. 우연일까. 고기를 굽고 있는 송과장에게 줄 쌈을 쌌다. 내 앞에 놓인 고기는 비계뿐이니, 비계가 가득한 고기로 말이다. 상추 위에 고기 두 점을 소금을 찍어

올리고, 그 위에 파채를 올렸다. 그리고 야무지게 쌈을 싸서 송과장에게 주었다.

"과장님, 드세요."

"안 먹어."

송과장은 손사래를 치며, 고기를 다시 굽는다. 내 앞에 비계만 둔 것은 우연이 아닌 게 분명했다. 부사장과 조이사는 내 눈치를 본다. 정처 없이 갈 곳을 잃어 공중에 떠 있는 쌈이 불쌍했다. 그 쌈을 내 입속으로 욱여넣고, 송과장 앞에 있는 집게를 집어 들었다. 두 번째 판은 내가 구우려고 말이다. 송과장은 집게를 가로채며, 단칼에 "아니."라고 말한다.

"이번 주에 있는 회식 안 잊었지? 오늘은 내가 다 구울 테니, 그날 수리가 다 구워."

회식 때, 입이 몇 명인데, 나보고 다 구우라고 하는 걸까. 그날 고깃집 아르바이트생인가.

'회식 날은 고기를 다 구워주는 고깃집으로 가요.

저는 그날 아플 예정으로 회사 출근이 어려울 것 같습니다.'

아픈 사람에게 건네는 축하

 금요일 저녁에 몸이 으슬으슬하더니, 주말까지 이어졌다. 오한에 근육통까지 와서 몸에 열이 오르는 걸 보니, 감기·몸살인 듯하다. 이불 밖으로 나오기 싫었고, 그 상태가 월요일까지 이어졌다. 회사에 나가기 어려워, 월요일 연차를 냈다.

화요일 아침이 밝았다. 하루 더 연차를 내고 싶었지만, 연차가 몇 개 안 남아 무거운 몸을 이끌고 출근했다.

얼굴을 보자마자 부사장은 말한다.

"수리 씨, 살 빠졌네요. 아픈 거 좋아요. 더 빠지겠어요. 축하합니다."

순간 사무실 공기도 가라앉았다. 부사장도 느꼈는지 주변 눈치를 살핀다.

"아, 축하한다고 해야 하나, 걱정된다고 해야 하나?"

하고 방으로 들어가 버린다. 그리고 내 자리로 전화하여 복사, 스캔, 팩스를 시킨다. 부사장실과 인쇄기를 왔다 갔다 했다. 덕분에 땀이 난다. 고맙다.

아픈데 축하받는 사람이 있을까.

나는 감사하다고 해야 하나,

걱정하는 척하지 말라고 해야 하나.

눈물에 젖은 빵

비바람이 거세게 몰아치는 날, 날씨가 심상치 않다. 태풍이 올라오는 게 느껴진다. 사장은 카드를 내밀며 나에게 말한다.

"네가 좋아하는 빵 몇 개 사 와. 단팥빵 같은 거."

사장은 단팥빵을 먹고 싶나 보다. 그 옆에서 송과장은 "오소빵집에서 파는 맘모스빵 먹고 싶다."라고 말한다. '오소빵집'은 횡단보도 2개를 건너서 가야 하는 꽤 거리가 있는 빵집이다. 가까운 '오면죽빵' 빵집에 가려고 했는데, 특정 빵집을 콕 찍어서 말하니 안 갈 수도 없다. '오면죽빵'에서 빵 사 오면 분명 빵이 맛이 없다고 할 게 뻔하기 때문이다. 어차피 갈 거면, 그런 소리를 듣기 싫었다. 나는 말리려고 펴 두었던 우산을 다시 집어 들었다. 비바람이 치는 날, 우산을 부여잡고 가는 나 자신이 서글펐다. 나는 빵도 안 먹고 싶은데 말이다. 배달하면 되지 않냐는 나의 물음에 배달비 든다고 다녀오라고 하니 할 말도 없었다. 빵집에 도착하여 인원수대로 빵을 골랐다. 사장 단팥빵, 송과장 맘모스빵, 조이사 옥수수빵, 내가 먹을 피자빵을 고르고, 빵과 함께 먹을 우유도 1팩 샀다.

빵을 본 사장은 인상을 찌푸리며 타박한다. 그 옆에서 우유를 안 먹는 송과장도 거든다.

"빵을 왜 이렇게 많이 사 왔어."

"우유는 왜 사 와. 우유 대신 빵을 더 사 오지."

빵 4개, 우유 1팩. 합쳐서 15,000원도 안 되는 가격이었다. 눈물에 젖은 피자빵은 결국 다 먹지 못했다.

다음에는 십오만 원어치 빵을 사야겠다.

줘도 안 먹을 맛대가리 없는 빵들로만.

압박 아닌 압박

 직원들이 연차를 써서, 부사장, 조이사, 나 셋이 점심을 먹어야 했다. 혼자 나가서 먹을까 고민했지만, 이번 달 카드 값이 많이 나와서 참았다. 점심은 중국집이다.

"자장면 3개 주세요."

밥 먹는 속도가 느린 나. 자장면을 절반쯤 먹었을까. 부사장과 조이사는 다 먹었다. 자장면 5분도 안 된 것 같은데 말이다. 내가 눈치를 보니, 조이사는 부사장에게 말한다.

"부사장님 먼저 일어나시죠."

"왜"

"편하게 먹으라 하고, 우린 먼저 가시죠."

'조이사가 저런 말을 한다니!'

속으로 감탄하고 있을 때, 부사장은 말했다.

"응? 반응이 재밌잖아. 압박당하는 거 같은 거 보는 게 얼마나 재밌는데."

순간 열심히 하던 젓가락질을 멈췄다. 고개를 들지 못했다. 몇 초 정적이 흐르고, 나는 아무렇지 않은 척 다시 젓가락질했다.

음식을 안 씹고, 식도로 바로 넘기고 싶다.

먹는 속도 높여주는 학원 없나요?

"부모님이랑 같이 사니?"

"네. 같이 살아요."

"나이가 몇 살인데, 아직도 같이 사니?
집에서 분가해야지."

분가도 능력이다.
난 능력이 없다.
그래서 말했다.

"쥐똥만큼 벌어서 안 되겠어요."

따뜻한 세상

　식사를 마친 후, 북받쳐 오르는 무언가를 참지 못했다. 속도 울렁거리고 눈물이 쏟아질 것 같았다. 별거 아닌 거였는데, 그동안 쌓인 게 터진 것 같다. 길거리에서 그냥 눈물이 터져버렸다. 지하철로 들어가려고 하는데, 같은 건물에서 일하는 직원들과 마주쳤다. 그들은 토끼 눈이 되어 가만히 선 채 나를 바라보고 있었다. 어디 쥐구멍에라도 숨고 싶었으나, 거대한 몸집 때문에 숨을 곳도 없었다. 그대로 얼굴을 가린 채, 지하철로 뛰어 들어갔다. 너무 창피했다. 지하철 화장실에 도착하여 구토했다. 계속되는 헛구역질에 일어나기가 벅찼고, 설사까지 겹쳐 화장실에서 계속 머물렀다. 이러고 있는 나 자신도 싫었고 눈물만

줄줄 흘리던 나는 목 놓아 엉엉 울기 시작했다. 화장실에 들어온 사람들은 울고 있는 목소리에 놀라거나, 호통을 치는 사람도 있었다. 하지만 나의 울음은 쉽게 그쳐지지 않았다. 시계를 보니 점심시간이 끝나고도 30분이 훌쩍 넘은 시간이었다. 회사로 복귀해야 하는데, 눈물이 안 마르고 있을 무렵,

똑똑

"아가씨 괜찮아요? 아파요? 아픈 거면 병원에 데려다줄게요. 잠시 문 좀 열어봐요."

문을 똑똑 두드리며 한 아주머니가 걱정스러운 목소리로 말한다. 너무 감사해서 얼굴이라도 내비치고 싶었지만 그러지 못했다. 그저 '괜찮아요. 감사합니다.'라고만 답했다.

'세상은 아직 살만한 곳이구나. 좋은 어른도 많아.'

회사에 복귀해 몸이 안 좋다고 하고, 연차를 쓰고 회사를 나왔다. 바람을 쐴 겸 진정을 하려고 근처 강을 걷는데, 계속해서 눈물이 났다. 그 와중에 다육식물은 사야겠다며 퉁퉁 부은 눈을 한 손으로 가리면서, 다육식물을 몇 개 골라 집으로 들고 왔다.

그리고 퇴근 시간에 맞춰, 회사 사람들에게 죄송하다는 문자를 보냈다. 다음부터는 이런 일이 없게 하겠다고 말이다.

세상은 아직 따뜻하다고 느끼게 해 준 그 아주머니에게 진심으로 감사하다. '감사합니다.' 그 말을 꼭 전하고 싶다.

쓰레기는 쓰레기통에

 월요일마다 출근길 발걸음이 무겁다. 화창한 날에는 더욱더 발걸음이 무겁게 느껴진다. 왜냐하면 월요일에 탕비실을 마주하는 게 무섭기 때문이다.

 탕비실로 들어서면 개수대에는 쓰레기들이 가득하다. 종이컵이 몇 개씩 엎어져 있고, 편의점에서 구매한 즉석 음식이 담겼던 플라스틱 용기도 굴러다니고 있다. 음식물을 버리지 않아서 상한 음식 냄새를 맡으며 치운 적도 있다. 심한 날은 구더기가 먼저 나를 반기기도 했다.

어김없이 쓰레기들이 싱크대 위에 올려져 있었고, 송과장에게 이야기했다. 나를 이해할 줄 알았지만, 생각지도 못한 반응에 당황스러웠다.

"나는 수리가 스트레스받는 부분이 이해가 안 가."

"왜요?"

"나는 애들이며, 남편이 어질러 놓은 것을 매일 치우거든."

다음 날도 어김없이 쓰레기들이 싱크대 위에 쌓여있었다. 평소라면 바로 치웠겠지만, 송과장이 올 때까지 치우지 않았다. 이윽고 송과장이 와서 보더니 혀를 내둘렀다. 어제 나에게 말한 것 때문인지 송과장이 직접 쓰레기들을 치웠다. 한껏 상기된 그녀의 얼굴. 더운지 머리카락을 한 손으로 쓸어 넘기며 청소하다가 갑자기 멈춘 후, 부사장실로 향했다. 그리고 날이 선 목소리로 말했다.

"왜 종이컵을 싱크대 안에 두세요?"

돌아오는 대답은 "귀찮아서요."

송과장의 물음에 조금 나아질 거로 생각했는데, 그건 오산이었다. 아침마다 쓰레기들이 쌓여있었고, 분리수거까지 해야 했다. 매일 반복되는 일에 '내가 가정부로 취직했나.'란 생각이 들었다. 이대로는 안 되겠다 싶어 이면지 A4용지를 꺼내 매직으로 크게 적었다.

'쓰레기는 쓰레기통에.'

자리로 돌아와 사람이 쓰레기를 쓰레기통에 버리고 있는 그림을 출력하여 선반에 붙였다. 그것을 본 부사장은 나에게 물었다.

"혹시 저 글, 저한테 말하는 건가요?"

"아, 부사장님이 버리셨어요? 누가 자꾸 쓰레기를 싱크대에 놔 둬서요."

"나는 그냥 엎어 두는 건데."

"그러면 그 쓰레기는 누가 치우는 거죠? 제가 치워야 하는 거잖아요."

단호하게 할 말을 다 하고 나니, 속이 후련했다. 속만 후련해도 살 것 같았다.

'쓰레기는 쓰레기통에.' 말하려니 입 아프고,

글 쓰려니 손 아프고, 인쇄하려니 종이 아깝다.

이런 기본적인 것도 말해줘야 하는 걸까.

'세 살 버릇 여든까지 간다던데, 여든 되기 전에 유치원 재입학 어떠세요?'

인생 책임자

 회장의 딸, 김대리가 회사를 차려서 들떴다. "수리야, 우리 회사로 옮기자." 직원 수 채우려고 나에게 입사 신고를 다른 회사로 하자고 말한다. 회사를 옮기면 지금 일에 새로운 회사 일까지 시킬 게 분명하다. 새 회사의 업종은 나의 경력으로 인정도 안 된다. 순간 내 표정이 많이 일그러졌나 보다.

"수리 표정이 너무 안 좋은데?"

"안 좋은가요? 그 업종은 경력으로 인정받기가 힘들어요."

"왜 그만둘 생각을 하는 거야? 계속 다니면 되잖아."

어휴. 끔찍한 소리를 한다.

"회사가 저 죽을 때까지 책임져 주지 않잖아요."

"우린 자를 리 없어. 그만둔다고 말해도 우리가 미역처럼 붙어 있을 거야."

자를 리 없기는. 숱하게 잘린 직원들을 보았는데 말이다.

씽이사, 콩대리, 쩡과장. 셀 수가 없다.

"제 인생은 제가 책임지는 거죠."

회사 잘리는 건 무섭고, 두렵다. 두렵지 않도록 노력해야겠다.

잘리기 전에 내가 잘라야지.

1월 1일

'친구야, 한 해 고생 많았어.
올해는 더 밝고 행복하게 지내길 바라.
나의 새해 소원은 너. 의. 이. 직.'

오라는 지시는 까딱

 탕비실에서 물을 텀블러에 담아 나왔다. "어! 어!"하는 소리가 들린다. 소리가 나는 쪽으로 돌아보니, 김대리가 자리에 앉아 나를 보고 있다. 눈이 마주치자 김대리는 팔을 칸막이 높이만큼 들어, 오른손에 쥔 볼펜을 세워, 볼펜을 까딱까딱 흔든다. 나는 내 눈을 의심했다. 잘못 본 걸까. 바로 옆 회의실로 들어갔다. 켜진 불을 끄고 다시 나와 나의 자리로 가려는데 김대리는 나를 불렀다.

"수리야, 좀 와봐."

손등을 상대에게 보이게 앞을 보이게 한 뒤, 검지를 하늘로 향해 찌르듯 세우고, 검지 손가락을 까딱까딱 흔든다.

손등을 하늘로 보이게 한 뒤, 네 손가락을 아래로 흔들어 부르는 느낌이랑은 차원이 달랐다. 기분이 묘했다. 수업 때 딴짓했을 때, '너, 나와.' 이런 느낌이랄까.

볼펜 '까딱'에 이어 손가락 '까딱' 2연타를 맞았다.

발가락까지 '까딱' 흔들었으면 3연타가 됐겠다.

3연타였다면 '오늘의 MVP' 시상할 뻔했다.

'활약이 대단했습니다. 'MVP'가 될 뻔했는데, 기분이 어떠십니까? 다음에 더 좋은 경기력 기대하겠습니다.'

아프면 약한 사람

 시간이 어찌나 빠른지 벌써 단풍의 계절이다. 특히 이번 주가 단풍이 절정이라는 날씨 예보가 있었다. 꽃을 좋아하는 송과장도 그 예보를 들었는지 주말에 주왕산 단풍을 보고 왔다. 월요일 아침, 송과장은 단풍이 붉은색으로 예쁘게 물들었다고 전하며, 기침도 함께 전했다. 다음날, 더 심해진 것 같은 기침 때문에 걱정스러운 마음으로 물었다.

"송과장님 혹시 감기 아니에요?"

"감기는 아니야. 기침만 조금 나는 거야."

전날과 비교하면 기침이 조금 나는 정도가 아니다. 헛기침이 늘고, 단전에서부터 올라오는 걸쭉한 가래 섞인 기침인데 말이다. 그 기침 소리를 듣고 있으니, 나의 횡격막이 아플 지경이다. 그러나 병원이나 약을 사러 갈 생각은 전혀 없는 것 같다. 오후에는 나도 목이 까슬까슬해짐을 느껴져 옮았나 싶은 생각이 들었지만, 그저 '기분 탓이겠지.'하고 넘겼다.

다음 날 아침, 목이 붓는 느낌이 들어 출근길에 편의점에 가서 목이 시원해지는 사탕과 목감기약을 샀다. 약을 먹으니 따끔거렸던 목이 조금 나아졌다. 안심했을까. 시간이 조금 지나, 몸이 으슬으슬 추워지고, 얼굴 전체가 열이 오름이 느껴졌다. 회사에 구비 해 둔 온도계를 자리에 들고 와 온도를 쟀다. 그걸 본 송과장이 묻는다.

"몇 도 나와?"

"37.5도요. 37도 넘어가면 미열인가요?"

"응? 지금 사무실 온도가 높아서 그런 거 아닐까?"

그러더니 내가 들고 있던 온도계를 가져가 자신의 온도를 쟀다. 그리고 한마디 한다.

"나도 36.8도 나와."

돌아오는 대답에 할 말이 없었다. 회사를 마치고 병원 가기는 빠듯해, 다가오는 점심시간에 병원을 다녀와야겠다 싶었다.

"저 점심 따로 먹을게요."

눈치 빠른 송과장은 주변 눈치를 보더니 묻는다.

"병원 가는 거야?"

'아니요.' 혼잣말로 내뱉어 본다. 아니라고 말하고 싶었다. 아픈 걸 티 내고 싶지 않았지만, 오전에 온도를 잰 것도 봤는데 아니라고 말하는 것도 아닌 것 같아 고민하다 말했다.

"그냥 목이 좀 아파서요."

돌아오는 두 번째 대답에 또 할 말을 잃었다.

"나보다 젊은데, 왜 이렇게 약해?"

대답할 힘이 없어, 그냥 고개를 돌려버렸다.

병원을 가려면 회사에 반차는 없어 연차를 써야 한다. 근무 시간에 가려니 아쉬운 소리는 더 하기 싫었다. 오후에 일을 더 하기 위해, 점심을 굶더라도 점심시간에 다녀오려고 한다.

아픈 것도 서러운데, 병원비, 약값까지 든다.

거기에 약하다는 소리까지 들어야 한다니.

아프니 오늘따라 더 아프고, 더 서글프다.

'과장님 덕분에 약해 진 거예요.'

일찍 일어나는 새가 욕먹는다

아침에 일어나는 건 항상 피곤하다. 늦잠을 잘까 싶어, 출근 알람을 해둔다. 잠결에 끌까 싶어 5분 간격으로 알람을 3개를 해뒀다. 오늘도 어김없이 울리는 알람 소리를 듣고, 기상한다. 무거운 몸을 이끌고 씻고, 아침을 먹고, 회사에 갈 준비를 한다. 집에서 회사까지 가는데 버스를 타고 지하철로 환승해야 해 걸리는 시간보다 여유롭게 나오는 편이다.

8시 40분에 사무실에 도착했다. 소리를 들은 부사장은 방에서 나와 나를 바라보고, 나는 인사를 했다.

"안녕하십니까."

부사장은 손을 들어 인사의 표시를 한다.

"왜 이렇게 일찍 왔나요?"

항상 이렇게 왔는데, 갑자기 묻는 말에 당황했다.

"업무 시작을 여유롭게 하면 좋아서요."

내가 말하자마자 부사장은 얼굴을 살짝 찌푸리더니 말한다.

"저는 일찍 다니는 사람, 별로 안 좋아합니다. 딱 맞춰 오는 사람 좋아합니다."

일찍 일어나는 새가 피곤하다 못해, 욕먹는다.

'저는 일찍 안 마쳐주는 회사, 별로 안 좋아합니다.'

비품 관리대장

　장미언니와 외부 교육을 들은 날. 오전 9시부터 1시까지 있는 교육이었다. 마치고 회사 근처로 오니 1시 20분 정도 됐다. 점심시간이 훌쩍 지나 배가 너무 고팠다. 한파주의보라 날씨가 추워서 그런지 더 허기졌다. 점심을 빨리 먹고 들어갈 생각에 따뜻한 라면에 김밥을 먹고 회사에 들어갔다.

회사에 도착하니 2시 10분이다.

"안녕하십니까."

"안녕하세요."

인사하니 인사를 건네는 사람이 없고, 싸늘한 공기만 맴돈다. 동물적인 직감으로 분위기가 심상치 않음을 느낄 수 있었다. 눈치를 보며 우리는 각자 자리에 앉았다. 자리에 앉자마자 전쟁이 일어난 줄 알았다.

송과장이 먼저 입을 뗐다.

"왜 이제 왔어? 두 시에 와야지!"

이어 조이사도 한마디 한다.

"뭘 하다가 이렇게 늦게 와?"

'무슨 일이지?'

장미언니는 표정이 일그러지며, 듣기 싫은지 자리에서 일어나 탕비실로 간다. 그것을 본 김대리가 장미언니를 뒤따른다. 곧이어 대화가 이어지고 그 소리는 점점 커진다. 무슨 일인가 싶어 나는 토끼 눈이 되어 주변을 살펴보니, 사람들은 무슨 일인지 아는 것처럼 평온하다. 대화를 들어보니, 비품 관련 내용이다. 비품 때문에 분위기가 안 좋은 거였다.

"펜은 있는데, 왜 또 샀어?"

"금방 다 써서, 여유분으로 구비해 놨습니다."

"리필로 사."

"갑티슈는 3통 남아있는데, 왜 또 샀어?"

"쓰면 되죠."

"커피는 있는데 왜 또 샀어?"

"아 있었어요?"

한마디도 지지 않는 장미언니가 더 마음에 안 들었는지 김대리는 계속해서 물었다.

"견과류 한 통 있는데, 왜 한 통 더 있어?"

"먹으면 되죠. 사람들 잘 먹어요."

"먹고 사면 되잖아."

"1+1 행사 상품으로 싸게 샀어요."

"유통기한이 지금 얼마 안 남았잖아."

"네. 알겠습니다."

견과류 유통기한이 7개월이나 남았다. 장미언니는 끝이 안 날 것 같았는지 결국 '알겠다'라는 대답을 했고, 그렇게 끝이 났다.

지난번에 "우리 비품 관리대장을 쓰는 게 어때?"라며 말했었다. 우스갯소리로 말하는 줄 알았는데, 조만간 진짜 쓰자고 할 것 같다. 무섭다. 지금 상황으로는 휴지 심, 볼펜 심까지 다 썼는지 확인할 기세다.

화장실 휴지까지는 건들지 않겠지?

소변은 화장지 2칸, 대변은 화장지 4칸.

비품 관리대장 작성은 안 하고 싶습니다.

제 것은 제 돈 주고 비품 살게요.

수박 폭탄 돌리기

 거래처에서 복날이라 수박을 보내왔다. 누군가가 나에게 제일 좋아하는 과일이 뭐냐고 물으면 고민하지 않고, '수박이요!' 외칠 것이다. 수박을 보면 반가워해야 하는데, 전혀 반갑지 않았다. 족히 7kg은 넘어 보이는 수박은 참 맛없게 생겼기 때문이다. '맛있는 수박 고르는 법'에 해당하는 게 하나도 없다. 모양은 길쭉하고, 꼬리는 일자다. 돼지 꼬리처럼 말려 있어야 당도가 높은데 말이다. 줄무늬가 선명하지 않고, 배꼽은 1cm 정도로 크다. 검은색 줄무늬가 선명하고, 배꼽은 작을수록 맛있다. 맛없는 수박인걸, 모두가 느꼈는지 그 누구도 먹자고 하지 않는다. 하이에나들이 음식을 안 건드는 데는 이유가 있다. 나는 맛

없는 수박임에 더욱 확신이 드는 순간이었다.

사무실 중간에 덩그러니 놓인 수박 1통.

그 수박을 가져가겠다고 하는 사람이 없다. 그래도 수박이 불쌍했는지 송과장이 수박 앞으로 간다.

"부사장님, 부사장님 들고 가세요."

"집에서는 먹을 사람이 없습니다. 다른 사람 들고 가세요."

혼잣말로 송과장은 중얼거린다.

"복숭아, 자두 이런 거 주지. 그랬으면 바로 먹거나 나눠서 들고 갈 수 있는데, 센스가 너무 없다."

그리고 장미언니에게 말한다.

"장미씨, 수박 들고 가."

장미언니는 자신에게 물어볼 거라 예상했는지 '들고 가.'라는 말이 끝나자마자 다급한 목소리로 대답했다.

"저 오늘 약속 있어서 안 돼요."

"안 되겠네. 그럼, 수리가 수박 들고 가면 되겠다."

"저는 차가 없어서, 수박을 못 들고 가요."

"들고 가면 되지. 왜 못 들고 가?"

"과장님 들고 가서 드세요."

"택시 타고 가. 어차피 우리 집은 5층이라 수박은 무거워서 못 들고 가."

'택시라니…. 택시 탈 돈으로 수박 사서 집 배송시키는 게 낫겠는데.'

마치 창과 방패의 대결.

아니 수박 폭탄 돌리는 현장이다.

송과장은 아무런 소득 없이, 자리로 와 퇴근할 준비를 했다.

6시.

퇴근하는 송과장은 나를 바라보며,

"수리씨, 김과장에게 수박 들고 가라고 말해줘."

김과장은 오늘 외근이다. 말을 하기도 안 하기도 애매했다. 어떡할지 고민하다 메시지를 남겼다.

'과장님, 오늘 회사 들어오시나요? OO 업체에서 수박을 보냈어요. 집에서 드시면 될 것 같아요.'

돌아오는 대답은 6글자다.

'수리가 들고 가.'

아무도 안 들고 가는 수박.

냉장고에도 넣지도 않고, 책상 위에 덩그러니 놓인 수박.

그 수박을 바라보고 있자니 괜히 찡한 마음이 든다. 수박을 불쌍하게 봤던 건 나였다. 그리고 결심에 찬 나는 누군가에게 전화를 걸었다.

"아빠, 퇴근하고 회사로 올 수 있어요?

수박 신세가 나 같아서, 버리지 못하겠네.

집에 데리고 가야겠어요."

묻는 건 괴로워

  8월, 무더운 여름이다.
더위의 기세는 날로 강해진다. 연일 간 전국 곳곳에 폭염주의보 예보가 계속되고 있다. 서울 33도, 대전 34도, 강릉 35도, 부산 33도, 경주 36도, 대구는 37도까지 올라갔다.

출근하려고 집을 나온 순간, 직감했다. '오늘도 무더위겠구나.' 버스정류장에서 버스를 기다리는데, 관자놀이에 땀방울이 맺힌다. 모공이 열린다는 느낌이 들더니, 등줄기에도 땀이 난다. 빨리 회사에 가고 싶은 생각뿐이다.

회사에 도착하고, 곧이어 송과장도 부채질하면서 문을 열고 들어왔다.

"아 더워."

"안녕하세요."

"응. 너무 덥지."

"네. 너무 더워요. 과장님, 차 안 타고 오셨어요?"

이 물음 한마디가 나를 이렇게 옥죌 줄이야.

"어제, 차 수리 맡겼어. 걸어오는데 너무 덥네."

차 수리를 맡긴 것에 관해 설명을 시작했다. 수리 맡기러 가면서 바다가 보고 가고 싶었다고 말하며, 바닷가 이야기를 시작했다. 전국 바닷가라는 바닷가는 다 나온다. 부산 광안리부터 시작해, 포항 영일대, 서산 벌촌포, 제주 이호테우해변, 남해, 강릉에서 축제, 체험, 수영 등 있었던 일들을 이야기한다. 마치 어제 갔던 것처럼 생동감 있게 이야기하는데, 내가 바닷가에 간 것처럼 생생하게 설명했다. 바닷가 이야기가 끝나자, 계곡으로 이어진다. 여름이라 더워서 그런가보다 싶었다. 이때까지만 해도 잘 들었다.

왜인지 모르겠으나, 계곡에서 부곡하와이 이야기가 나오고, 과거 이야기로 이어졌다. 유치원 다닌 이야기까지 나오는데, 나는 '여긴 어디 나는 누구.' 그 뒤부터는 차마 말을 끊을 수 없어 듣는 둥 마는 둥 했다.

컴퓨터와 텔레비전이 얇아진 역사 이야기.

아버지와 버스, 지하철을 처음 탄 이야기.

승차권 마그네틱과 종이 회수권 이야기.

분수 터지듯 이야기가 터졌다. 화제가 계속 바뀌고, 이야기가 끝이 없으니 정말 미칠 지경이다. 정신병이 올 것 같다.

나름대로 이야기를 끊어보려고 노력도 했다. 짧게 대답도 해보고, 쳐다보지 않고 모니터만 응시도 해봤다. 바쁜 척도 해봤다. 소용없었다. 짧게 대답하면 더 이야기를 많이 했고, 모니터만 보고 있으면 나의 자리로 의자를 당겨 와 얼굴을 안 볼 수 없게 만들었다.

업무 관련해서 질문을 한 번 하면, 질문에 대한 답만 해주면 좋겠지만, '너 딱 걸렸어.'라는 느낌으로 쉬지 않고 말한다. 그래서 최대한 묻지 않으려고 노력한다. 의식의 흐름대로 말하는 이야기에 너무 괴롭다.

'정말 안. 물. 안. 궁인데요.

입 모터 어떻게 끌 수 있나요?'

음식 스무고개

오전 11시 30분. 점심은 배달을 시켜 먹기로 했다. 조이사가 입을 뗐다.

"오늘 뭐 먹지."

아무도 대답하지 않는다. 눈치 게임 시작인가. 이러다 마지막은 돌아 돌아 '막내 먹고 싶은 거 먹자.'라고 말할 걸 알기에 내가 대답했다.

"간장 돼지찜 먹을까요?"

"그건 잔반이 많이 나와서 안 돼."

"그럼, 샌드위치 먹을까요?"

"그건 밥이 아니잖아."

"덮밥류 먹을까요?"

"덮밥류 뭐 있지?"

"연어덮밥도 있고, 장어덮밥도 있고, 종류 많아요."

"별로야. 목이 까끌까끌한데…."

'별로는 당신 태도가 별로입니다.'

라고 말하고 싶었지만, 꾹 참고 한 번 더 말했다.

"국물 먹을까요?"

"어제 샤부샤부 먹었어."

결국 원하는 음식은 닭갈비 볶음밥이었다. '닭갈비 볶음밥을 먹고 싶었으면 진작 말을 하던가. 목이 까끌까끌하다고 또 왜 말한 거야?' 부글부글 올라오는 속을 달래지 못하고, 조이사에게 물었다.

"이사님, 목이 까끌까끌한 건 감기에요?"

"감기 아니고, 물기 없는 빵을 먹어서 목이 까끌까끌해."

매번 시작되는 음식 스무고개에 지쳤다. 진지하게 대책을 강구해야 한다. 음식을 적은 종이를 접어 넣은 상자를 만들고, 돌아가면서 뽑기를 할까.

입맛 까다로운 배우자랑은 못 살 것 같다. 설탕을 소금으로 느끼거나, 상한 음식도 막 먹는 그런 사람. 나의 이상형 어디 있나요.

20살, 나의 사진을 봤다.

환하게 웃고 있는 모습.

특히 동공이 반짝반짝 빛이 난다.

거울을 봤다.

그 빛나던 동공이

이제 눈깔로 변했다.

희멀건 동태눈깔로.

또라이

 (오)전반전이 끝나고 (오)후반전 시작이다. 모두 자리에 앉아, 일을 시작했다. 그리고 제일 마지막에 들어오는 사람은 회장이다. 약주 한잔을 걸친 것 같다. 말이 한잔이지, 한잔은 아닌 듯 보였다. 걸음걸이는 비틀거리고, 얼굴은 시뻘겋고, 한껏 상기된 표정으로 들어온다.

"김 양아."

시선은 나를 보면서 말하는데, '김 양'이라고 부른다. 장미언니가 옆에서 "무 양입니다."라고 말한다.

"아? 그래. 무 양아. 너 이거 아니?"

"모릅니다."

"이거 아니?"

"공부해 보겠습니다."

나의 전공과는 무관한 것만 물었고, 나는 모른다고밖에 말할 수 없었다.

회장은 잔뜩 얼굴을 찌푸린 채로 나에게 다가왔다. 옆에 서서 손등으로 나의 옆 허벅지를 툭툭 치며 격양된 목소리로 말했다.

"이런 것도 하나 말 못 하니?"

김 양, 최 양, 이 양, 박 양, 정 양 언제 적 쓴 호칭인 건지. 성에다 '양'을 붙여 부르는 것이 썩 기분이 좋지 않았다. '희생 양아.'

라고 불러도 '네.'라고 대답해야만 할 것 같다. 허벅지를 친 것도 기분이 나빴다. 나의 전공도 아닌데, 모른다고 타박하는 것도 이해가 가지 않았다. 계속된 타박에 나도 질려버렸다.

"그러면 학원 보내주세요."

그 소리를 들은 회장의 얼굴은 더 찌푸려졌고, 미간 사이 주름이 더욱 깊어졌다.

"학원은 네가 돈 주고 배워야지. 혼자서 공부할 생각을 해야지. 또라이."

잘 못 들은 줄 알았다. 애써 덤덤하게 말했다.

"똑똑이요?"

회장의 발작 버튼을 건드려 버렸다.

"이거 완전 또라이네. 또라이. 남자랑 히히덕거리고, 친구들이랑 놀고, 머리에 돈만 생각하고 있지? 너 여기 다닌 지 몇 년 됐니?"

 나는 무응답으로 대신했다. 보다 못한 조이사가 일어나, 말려보지만 이미 술에 취한 회장을 감당해 낼 수 없었다.

"필요 없으면 잘라야지. 짐 싸서 집 가라. 법에 걸리면 그냥 위로금으로 급여 3개월만 주면 되지."

인격적 대우가 이렇게 힘든 걸까. 나는 기분을 나쁜 것을 넘어서, 할 말을 잃었다.

이런 회사에서 이런 대우를 받는 게 맞는 걸까. 난 왜 남들처럼 절실하게 취업 준비를 하지 않았을까. 후회가 몰려들었다. 부모님이 공부하라 할 때, 공부할걸. 어릴 적, 엄마가 '너 이렇게 공부 안 하면 커서 뭐가 될래?'라며 물었다.

1n년이 흘렀다. 이제는 대답할 수 있다.

"저…. 가족 같은 회사 다녀요."

새로 쓰는 복지 개념

 올 초, 김대리가 회사를 차렸다. 직원을 고용해야 하기에 나에게 몇 번 자기 회사로 소속을 옮기라고 했다. 어차피 같은 사무실에서 일할 거라 나에게 득인 것도 없었다. 그래서 물을 때마다 '아니에요.' 하며 애써 웃으면서 거절로 답했다. 김대리는 오늘은 왜 거절하는지 알아내야겠다는 굳은 의지를 내비치며, 정색하며 말했다.

"왜 우리 회사가 싫어?"

"회사 옮기는 거 싫어서요. 한 회사에 오래 있고 싶어요."

"회사 다니는 거 똑같아. 소속만 옮기는 거잖아. 우리 회사 복지 좋은데?"

"복지 좋은 거 뭐가 있을까요?"

경력이 있음에도 불구하고, 급여가 거의 최저임금 수준이다. 그렇다고 워라밸이 좋지도 않다. 중식을 제공하지만 먹고 싶은 것을 먹지 못하고, 가격이 저렴한 음식만 먹는다. 사무용품도 눈치 보고 사야 하고, 중요한 문서 작성인데도 이면지를 쓰라고 한다.

나는 도무지 짜내봐도 좋은 복지가 뭐가 있는지 떠오르지 않았다. '복지가 뭐가 있었지….' 내 생각을 읽었는지 눈치 빠른 장미 언니가 말했다.

"수리야, 빨리 복지 말해. 지금이야. 스카우트이잖아."

장미언니가 혜택 누리고 싶은 것을 나에게 떠넘기는 것 같았다.

"언니가 말해주세요."

장미언니는 눈은 안 웃고, 입만 온화한 미소를 지었다.

"우리 회사 복지 안 좋아?"

김대리는 눈을 동그랗게 뜨며 말했다. 정말 이해가 안 간다는 표정에, 내가 더 당황했다.

"저는 잘 모르겠어요."

복지가 없다는 것을 돌려 말했다.

"나 회사 안 다녀봐서 몰라. 우리 회사 복지 좋다고 생각했는데."

딸의 생각이 궁금해서 물었다.

"어떤 복지가 좋다고 생각하셨어요?"

내가 말을 내뱉는 순간, 모든 눈은 모니터를 응시했지만, 모든 귀는 김대리 쪽으로 쫑긋 열렸다.

"복지 좋은 거? 많잖아.

밥 제때 먹고, 화장실 휴지 도톰한 4겹 쓰는 거 그게 복지 아니야?"

김대리의 말이 끝나고, 순간 정적이 찾아왔다. 우물 안 공주님이다. 어디서부터 어떻게 설명을 해줘야 할까.

따님. 우리 전쟁통 시대 아니에요.

인터넷에 '복지 좋은 회사' 쳐보세요.

복지 다양하고 많아요….

낮. 우. 밤. 다

 오랜만에 친구를 만나기로 했다. 오후가 빨리 지나갔으면 하는 들뜬 마음으로 퇴근 시간만을 기다렸다. 친구가 5시에 일찍 마쳐서, 나의 회사 근처로 왔다. 회사 근처로 온 김에 유명한 닭볶음탕 맛집으로 안내했다.

확실히 유명한 곳이라 그런지, 퇴근 후 가니 이미 만석이다. 그런데 자세히 보니 한 자리가 남은 듯 보였다. 대기는 없었고, 들어가 부랴부랴 자리를 잡았다. 곱창과 닭볶음탕을 합친 곱도리탕을 시키고, 맥주 1병을 시켰다. 나의 안색을 본 친구는 앉자마자 물었다.

"왜? 오늘 무슨 일 있었어? 얼굴 너무 안 좋은데?"

'역시 친구밖에 없구나.'

오늘 있었던 일부터 마구마구 쏟아내었다. 주변 시선을 신경 쓸 여유는 없었다. 다 쏟아내고, 열을 다 식혔나. 갑자기 주변이 보였다. 화장실을 다녀온 건지, 한 사람이 멀리서부터 걸어와 나의 테이블을 지나쳐 갔다.

'어? 많이 봤는데?'

아는 사람은 아니다.

'누구지?'

그 순간 뒤를 휙 돌아봤다. 낯익은 사람들이 앉아 있다. 기억났다. 테이블을 지나쳐 간 사람은 회사 건물 엘리베이터에서 자주 마주친 사람이었고, 같은 건물 4층 직원들이었다. 회식이었나 보다. 나는 그것도 모르고, 회사 욕을 이미 한바탕 쏟아낸 뒤였다. 그 사실을 알고부터는 '아, 어쩔 수 없지,' 했지만 곱도리탕이 목에 넘어가지 않았다.

낮말은 새가 듣고, 밤말은 쥐가 듣는다고 하더니, 이래서 세상이 좁다고 하나 보다. 조심해야 한다.

낮말은 우리 회사 직원이 듣고,

밤말은 다른 회사 직원이 듣는다.

항상 명심 또 명심해야겠다.

낮. 우. 밤. 다!

주말에 본가에 가서

엄마에게 회사에서 겪었던 일을 말했다.

그 말을 들은 엄마는 서글픈 표정을 지었다.

사실 내성이 생긴 나에게는 그 일이 대수롭지 않았다.

하지만 엄마에게는 내성이 생길 수 없음을 느꼈다.

그런 일을 겪은 딸을 바라보는 엄마의 마음은 어떠했을지,

표정에서 드러나는 마음이 나의 마음을 아프게 만들었다.

합리화하면 안 된다.

아닌 건 아닌 거다.

안주하면 안 된다.

눈 뜨고 음식 베이다

 비가 내리는 날. 나가서 먹기 귀찮은 직원들의 아우성에 배달을 시켰다. 예상 도착시간보다 배달이 늦어 부사장의 심기는 매우 불편했고, 짜증 섞인 목소리로 말했다.

"배달이 너무 늦는 거 아닙니까. 지금 다들 짜증 나죠? 여기를 왜 시킨 거야. 이런 날은 메뉴 통일해서 자장면을 시켜야지. 중국집이 제일 빠른 거는 기본 중의 기본인데. 하 이렇게 늦으니 먹기도 전에 기분 나빠."

예민의 기준은 다른 거니까 이해하려고 해봐도 어린아이 같은 모습에 껄끄러워졌다. 계속되는 투덜거림에 직원들마저 표정이 안 좋아졌다. 장미언니가 '진짜 입 치고 싶다.'라고 메신저가 왔다. 나 또한 동의한다는 눈빛을 보냈다. 더 이상 듣기 싫었는지 김대리가 말한다.

"우리는 별로 기분 안 나쁜데요? 부사장님만 그러신 것 같아요."

부사장은 우리도 기분이 나쁠 거라, 자신을 동조해 주길 바랐지만 그렇지 않았음을 뒤늦게 느꼈고, 당황해하며 방에 들어가 버렸다.

음식이 도착했다. 테이블에 둘러앉아 앞에 놓인 유부초밥 도시락을 꺼냈다. 절반쯤 먹었을까. 먹는 속도가 빠른 부사장은 벌써 다 먹고, 직원들이 먹고 있는 모습을 찬찬히 바라봤다.

이제 전쟁 시작이다.

'아 오늘 왜 하필 내 옆자리인 거야.'

부사장은 뺏어 먹겠다는 의지로 옆자리에 앉은 나를 바라봤다.

"십일조 안 하니?"

그 모습을 본 장미언니는 자기 유부초밥 한 개를 집어, 부사장 도시락에 얹어 줬다. 다른 때였으면 언니도 음식을 사수하려 했겠지만, 언니는 오늘따라 입맛이 없어 보였다. 그 마음을 아는지 모르는지, 부사장은 매우 흡족한 미소를 지으며 고개를 끄덕인다. "기다리고 있었어."하며 맛있게 먹었다.

유부초밥은 4덩어리로, 꽤 커서 세입에 나눠 먹어야 해, 먹는 속도가 더 더뎠다. 다른 날이었으면 음식을 주고 말았을 텐데, 오늘은 뺏기는 게 죽기보다 싫었다. 그냥 주기 싫은 날이다. 일단 남은 두 덩어리를 한입씩 베어 물었다. 그것을 본 부사장은 말한다.

"그런다고 내가 못 뺏어 먹을 것 같지."

부사장은 직원들 먹고 있는 모습을 다시 보더니, 레이더에 송과장의 유부초밥으로 시선이 꽂혔다. 한입 베어 물고, 남긴 유부초밥을 들어 냉큼 먹어버렸다.

섬뜩했다. 타인의 아밀라아제가 묻은 유부초밥을 안 먹을 거로 생각했는데….

'그의 식탐은 끝이 없구나!'

어른한테 먹을 거 뺏기는 것은 진귀한 경험이다. 눈 뜨고 음식 베어 가는 기분은 말로 설명할 수 없다. 우스갯소리로 장미언니와 말한 적이 있다.

'설사약 뿌려 둘까?'

빙수 배달부

 오후 5시. 퇴근 시각 1시간을 앞두고 있다. '시간아, 빨리 흘러가라.' 퇴근 시간만을 기다리고 있다. 회장실에서 딸과 사위가 나오고, 그 뒤로 회장과 사장이 나와 빙수 먹자며 외친다.

"수리야, 빙수 먹자. 네가 저번에 샀던 그 집 있지? 거기서 2개만 사 와라."

다른 직원들은 연차라, 현재 있는 인원. 아빠, 엄마, 딸, 사위, 나. 5명인데 빙수 2개만 사서 나눠 먹자고 한다. 코로나 시기에 마스크를 내려 같이 먹기 싫다. 게다가 생리 중이라 몸이 좋지 않아 차가운 빙수가 먹고 싶지 않았다. 움직이는 건 더더욱 싫었다.

"어디 빙수 말씀하세요?"

"기억도 못 해?"

"배달시킬까요?"

"아니, 배달비 들잖아. 다녀오면 되지."

"작년에 사 왔던 그 집."

"옛날이라 위치가 기억이 잘 안 나요."

"옛날은 무슨! 작년인데."

"작년도 오래된 것 같아요."

회장과 사장은 얼굴이 붉으락푸르락 해지며, 못마땅한 얼굴로 나를 한참이나 바라봤다. 사실 나는 마지막 말을 뱉고 나서, 나

자신한테도 놀랐다. 예민했던 부분도 있었지만 '평소라면 이렇게 말 안 했을 텐데, 여기 있으니, 성격이 변하네'란 생각이 들었다. 이 상황을 지켜본 김대리가 마무리를 지었다.

"아빠. 나 지금 딸 데리러 가야 해. 근처에 파는 팥빙수 사 올게."

사실 회장이 말하는 팥빙수 가게가 어딘지 알았다. 내가 여기저기서 먹다 발견한 빙수 맛집이었다. 작년, 이 집 빙수를 맛보여줬더니, 계속 거기만을 원했고, 배달이 안 되는 가게라, 나는 빙수 배달부가 되었다.

빙수를 먹고 싶은 이유는 많았다. 날이 더워서, 날이 습해서, 비가 와서, 점심을 먹고 나서, 입이 텁텁해서, 입이 심심해서, 그냥 먹고 싶어서.

그럴 때마다 내 손에는 현금을 쥐여주며 사 오라고 했다. 바람도 쐴 겸 나가서 사 오는 것도 나쁘지만은 않았다. 하지만 사 오는 것도 하루걸러 하루라 힘들었다. 안 가려 노력도 해보았지만, 물거품이 돼버렸다. 하루는 우산을 들고 양손에 팥빙수를 들고 올 때였다. 우산을 들 손이 없어, 고개를 옆으로 꺾어 들고 오는데, 현타를 느꼈다. 또 하루는 엘리베이터 고장이 나, 7층까지 빙수를 들고 올라갈 때는 나의 직업이 뭔가 다시 한번 돌아보게 했다.

나는 빙수를 참 좋아했다. 퇴근 후 혼자서 빙수 맛집을 찾아갔고, 그 낙으로 회사에 다녔다. 작년 여름을 빙수 배달부로 다니면서 그 낙은 사라져 버렸다. 이번 해는 '설마 그러겠어.'라고 생각했는데, 시작이다. 전쟁을 선포했다. 나도 전투태세를 높여 방어전 시작이다.

내 죄가 크다.

맛집은 나만 알자.

작고 소중한 식대

 해가 바뀌고, 나이를 한 살 더 먹었다. 올해는 회사 욕을 덜 해보자고 다짐하며 회사에 출근했다. 출근하자마자 사무실 분위기가 부산스러웠다. 그 사이 조이사가 중요한 이야기가 있다며 나선다.

"중대 사항이 있습니다. 이제 식대를 월급에 포함해 나가려고 합니다."

장미언니는 눈이 동그래져 옆자리 김대리를 바라봤다. 시선을 느꼈는지, 좋은 일이라는 느낌으로 말했다.

"곧 여름이니까, 우리 다이어트를 하는 거야."

장미언니는 무슨 말인지 모르겠다며 눈빛으로, 미간을 좁히며 다시 물었다.

"점심을 월급에 포함이라고요?"

"응. 2월부터 포함해서 나갈 거야."

조이사는 방긋 웃으며 말했다. 그 표정이 사람을 더 어이없게 만들었다. 아무도 식대가 적다는 이야기를 안 한다. 당황해하는 틈을 타 소신껏 말했다.

"6,500원 적은 것 같아요."

"원래 6,000원 하려다 500원 올린 거야. 월급에 6,500원 포함이니 더 좋지. 퇴직금도 더 올라가잖아. 우리한테 더 좋은 거야."

누굴 바보로 아는 건지. 요즘 물가가 올라서 6,500원으로 사 먹는 것은 빠듯하다. 배달비가 3,000원 하는 시점에, 각자 돈을 모아도 배달 한 번 못 시켜 먹을 돈이다. 물론 가격이 저렴한 곳도 있다. 우체국 식당, 기사 식당, 지하에 국수 파는 식당. 아니면 편의점에서 사 먹거나. 이미 결정한 일에 에너지를 쏟고 싶지 않았다. 한편으로는 '뭐 먹으실래요?' 안 해도 되니 속이 편했다. 나는 애써 밝은 목소리로 말했다.

"이제 각자 먹어요. 각자 원하는 걸로 사 먹으면 되겠어요."

며칠 뒤, 조이사가 달력을 꺼내며, 장미언니를 불렀다.

"장미야, 와봐."

"네."

조이사 앞까지 온 장미언니에게 달력을 건네며 말했다.

"2월 출근하는 일수 세어봐."

"18일이에요."

"식대를 20일로 계산하기로 했는데, 18일이면 더 많이 주네."

2월은 28일로 짧은데, 중간에 설까지 있어 출근하는 날이 비교

적 적었다. 3, 4월 출근 일수는 20일보다 많은데, 그것은 신경 쓰지 않았다. 현재 2월에 2일 치 식대를 더 주는 게 아까울 뿐이었다.

며칠 뒤, 근로계약서를 쓰자고 했다. 근로계약서 조건에는 '근무 일수 80% 이상이 되지 않으면, 식비가 나가지 않는다'로 적혀있었다. 한 달에 4번 이상 연차를 쓰게 되면 한 달 식비를 주지 않는다는 것이다. 연차도 월, 금은 쓰지 말라고 하며, 눈치를 주는데 이렇게까지 해야 하는 걸까.

"수리야. 점심 먹으러 나가자. 저희 밥 먹고 올게요."

점심시간이 되어, 장미언니가 다 같이 먹기 싫었는지 나를 불렀다. 이 헛헛한 마음을 장미언니와 맛있는 거로 채웠다. 지글거리는 돌솥비빔밥 2개 18,000원, 카페에서 녹차라테와 케이크도 먹었다. 18,500원. 사흘 치 밥값으로 한 끼를 해결했다. 헛헛한 마음이 채워지는 건 잠깐이었다.

다음 달, 나는 *130,000원*을 올려 월급을 받았다.

가족은 1,000,000원을 올려 월급을 받았다.

형평성에 맞는 식대인가.

'*넌 직원이고, 난 가족이야.*'를 보여준다.

억울하면 내가 사장해야지.

회사에서 즐거움을 찾고자
근처 꽃집을 가서 애플민트를 심은 화분을 사 왔다.

즐거울 때도, 화날 때도, 스트레스 쌓일 때도

애플민트 잎을 손으로 문지른 후, 코에 갖다 댔다.
심신에 안정을 준다. 중독이다. 애플민트 중독.
큰일 났다. 이거 어떻게 끊어요?

잘 쓰고 있습니다

장미언니가 외조부상을 당했다. 경조사 관련 휴가 일수에 대해 정확하게 말해주지 않았고, 장미언니는 나에게 '어떡해. 연차 써야 해?' 물었다. '언니, 저한테는 유급휴가 없다고 하더라고요. 말 없으면 연차 써야 할 것 같아요.' 결국 장미언니는 장례를 치르기 위해 연차를 썼다.

조의를 표하기 위하여, 부사장이 장례식장을 다녀온 후 출근했다. 아침 회의 시간. 송과장이 부사장에게 물었다.

"부사장님, 장례식장은 잘 다녀오셨어요?"

"네. 잘 다녀왔습니다. 부의금은 잘 전달했습니다. 장미 어머니 만났는데…. 분위기가 '우리 여식을 써주셔서 감사합니다.'라고 할 것 같았어요. 그래서 후다닥 나오려고 했는데, 정말 그렇게 말하더라고요."

"그래서 뭐라고 했어요? 일 열심히 잘한다고 했나요?"

"그래서 저도 '잘 쓰고 있습니다.'라고 했어요."

정말 사람을 뻥찌게 만든다. '사람을 쓴다.'라는 표현을 쓰지만, 방금 말한 건 소모품처럼 '물건을 다룬다.' 느낌이 들었다. 과연 말실수였을까. 그 말을 들은 어머니의 마음은 어떠하였을지…. 속이 갑갑해졌다.

자식도 있으면서 왜 저럴까.

더도 말고 덜도 말고 자식도 똑같이 겪어라.

연봉 염전 넓히기

 연봉이 염전 수준이다. 짜다. 특히나 매년 초 최저임금이 오를 때마다 긴장됐다. 왜냐하면 나의 연봉과도 직결되기 때문이다. 나의 월급에 영향을 미치는 것은 최저시급뿐이었다. 매년 물가는 오르는데, 연봉은 그대로였다. 물가 상승률만큼은 올려줬으면 하는 바람이지만 작년도 연봉은 동결이었다. '올해는 월급을 올려 주겠지.'라며 희망을 걸었다.

하지만 4월이 됐는데도 불구하고, 연봉협상 이야기가 없었다. 누구도 나서서 말하지 않았다. 4월에 신입을 뽑았는데, 우연히 알게 된 월급이 나와 단돈 5만 원 밖에 차이가 나지 않았다. 나는 4년 경력이 있음에도 불구하고, 신입과 월급이 별로 차이가 안 나, 이대로는 안 되겠다 싶어 면담을 요청했다.

"대리님, 면담 신청 가능할까요?"

환하게 웃으며 나를 바라봤던 김대리는 눈치챘는지 시선을 회피하며 말했다.

"음…. 나 조금 바빠서…. 조이사님이랑 이야기해 봐."

"네."

곧장 조이사 자리로 향했다. 이어폰을 꽂고, 미소를 짓고 있는 걸로 보아, 뭔가를 보고 있어 보였다. 방해를 안 해야 하나 싶었지만, 지금 아니면 또 용기를 못 낼 것 같아 말했다.

"이사님, 시간 되실까요? 면담 신청하고 싶습니다."

의자를 젖혀 누워있던 자세를 고쳐 세우고, 곧장 김대리로 시선을 옮겼다. '눈알이 저렇게 빠른 사람이구나.' 생각하며 그의 시선을 따라 나도 김대리를 쳐다봤다. 김대리는 그저 고개만 끄덕였다. 조이사는 똥 씹은 표정을 0.1초 짓고는 언제 그런 표정을 지었냐는 듯, 나에게 웃으며 말했다.

"그래. 여기서 이야기할래?"

"아니요. 방에서 이야기했으면 좋겠습니다."

그렇게 들어간 방은 어색한 기운만 맴돌았다. 내가 먼저 운을 뗐다. "연봉…." 이라고 하자마자 조이사는 단호한 목소리로 말했다.

"내가 해줄 수 있는 부분이 아닌 것 같은데 부사장님이랑 이야기해야 할 것 같아."

급하게 자리에서 일어나 나가 버렸다. 나는 맥이 풀려 버렸고, 몇 분간 자리에 앉아 있었다. 말하기도 전에 지친 느낌이 들었다.

부사장과의 면담도 소득은 없었다. 신입과 연봉이 차이 나지 않는 것은 '연봉은 나이순'이라고 했다. 회사를 위해 노력한 부분도 말하니 그저 '맞아. 열심히 했지. 올해도 잘하자며, 내년에 올려 줄게.'로 무한 반복이었다. 올해도 여러 핑계를 대며 또 '내년에.'라고 말했다. 면담은 사치였다.

내년에 올려 주겠다는 말을 철석같이 믿었던 바보였다. 순진함보다 멍청함에 가까움을 증명한 순간이었다. 연봉이 염전 1평 수준이라 어디 말하기도 부끄러웠고, 이직만이 염전을 넓힐 수 있는 답이었다.

자리에 앉자, 장미언니가 메신저를 보냈다.

"면담은 잘했어?"

"아니요. 우리 월급 안 올려 주는 거 '버티려면 버텨라.', '너희가 갈 데나 있겠니.' 이런 느낌이었어요."

"응. 내가 이야기 안 했니? 가족들이 방에 들어가서 회의할 때, '마음에 안 들면, 자기가 나가야지.' 이러더라고."

절이 싫으면 중이 떠나는 게 맞다.

절을 떠난다고 말했을 때, 절이 좇아 오기만 해봐라.

나는 똥 쌀 거다. 복권 당첨돼서 상사 책상에 똥 쌌다는 외국인처럼.

나도 복권 당첨돼서, 똥 싸고 퇴사할래.

컴퓨터를 켰다. 파일이 열리지 않는다.

그림판, 한글 파일, 엑셀, 전부다. '왜 그렇지?'

무심코 삭제해 버린 메모장이 생각났다.

그 메모장 파일을 휴지통에서 복원시켰다.

메모장 이름도 'Readme'

'읽어줘' 해서 읽어봤다.

가벼운 마음으로 읽었는데, 표정이 점점 굳어지고

마우스를 쥐고 있던 손이 떨렸다. 생각지도 못했다.

'어? 나 어떡해. 이거.... 바이러스야?'

에필로그

　모든 것에는 일장일단이 있다. '가족회사에 다니면서 안 좋은 일만 있었던 거 아니야?'라고 한다면 나의 대답은 '아니오.'다. 모든 일에 장단점은 존재하기에 가족회사의 장점도 분명히 있었다. 좋았던 일, 감동적이었던 일도 있었다. 나 또한 장단점이 있고, 불완전한 사람으로 부족한 점이 많았다. 지금 생각하면 '어렸구나.' 싶은 순간도 많고, 그때로 돌아간다면 '그렇게 행동은 안 했을 텐데.' 하는 아쉬운 순간들도 있다. 그런 순간들이 모여, 나를 더 성장시키는 계기가 되었다.

가족들로 이루어진 회사에 다니다 보니 이방인이 된 듯한 느낌은 떨칠 수 없었다. 당연하다고 느끼는 부분에서 나는 '이건 아닌데.' 싶은 경우가 많았다. 그럴 때 '이건 아닙니다!'라고 말하는 용기가 턱없이 부족했다. 꾸역꾸역 삼키는 일이 허다했고, 그러다 보니 몸에 이상 증상이 나타났다.

만병의 근원은 스트레스라고 하듯 일시적으로 원인을 알 수 없는 병이 생겼다. 처음에는 목 뒷덜미부터 어깨까지 움직여지지 않았다. 다음날은 머리를 감지 못할 정도로 움직이지 못하여 병원에 갔다. 병원에 가서 체온을 재니, 체온이 너무 낮게 나와서 40분간 5분 단위로 온도만 쟀다. 그 후에는 앉아만 있으면 구토하고, 두통이 왔다. 처음에는 강도가 약했으나 나중에는 퇴근길에 버스를 타는데, 앉아 있지를 못하여 버스 제일 뒷자리에 가서 누워서 이용했다. 한의원에 가서 목, 어깨, 머리, 발, 배, 손에 침을 놓고, 어깨에 부항을 떴다. 손가락 엄지와 검지를 땄지만, 구토와 두통이 없어지지 않았다. 병원에 가서 진찰을 받아도 뚜렷한 병명은 찾기는 어려웠다. 지속되는 구토와 두통으로 누워만 있어야 했고, 결국 회사에 출근하지 못했다. 일주일 넘게 누워서 지내니 차츰 아픈 게 사라졌다.

한 살 한 살 먹어갈수록 회사에 있었던 일을 친구에게 털어놓는 게 쉽지 않았다. 친구는 나의 상황과 회사 사람들을 100% 알 수 없기에 이해하기는 쉽지 않았다. 듣는 사람은 좋은 것도 한두 번이지, 안 좋은 것을 자꾸 들으면 더 힘든 것이란 생각이 들었다. 스트레스 해소 방법을 잘 모르는 나는 화살을 자꾸만 나에게로 돌렸다. '모든 게 다 내 잘못이야.'라는 생각은 나를 더 우울감에 갇히게 했다. 조금 여유 있는 사람이었다면 좋았겠지만, 그렇지 못해 정신적으로도 문제가 생겼다. '옥상에서 떨어지면 어떤 느낌일까?'라는 생각이 들기도 했고, 근무 중 갑자기 북받쳐 오르는 설움에 2시간을 울다가 들어간 적도 있다. 아직도 선명히 기억난다. 화장실에 그어진 줄이 여러 겹 꼬였는데, 인간의 형상처럼 보였다. 처음에는 쓰러진 것처럼 보였는데 나중에는 살려달라고 손을 뻗는 사람으로 보였다.

내 탓으로 돌리는 것은 분명 잘못된 방법이었다. 그런 나에게 엄마는 '엄마, 아빠가 부자가 아니라 미안해.'라고 말씀하셨다. 누가 봐도 부모 탓이 아니다. 하지만 부모님은 자식이 일을 하지 않아도 될 만큼 부자였다면, 내가 그런 일을 겪지 않았을 거로 생각하셨다. 내가 겪는 일마저, 부모님은 금전적으로 풍족하지 못한 자기 탓으로 돌렸다. 설명하기 힘든 감정이 휘몰아쳤다. 차라리 남 탓을 하셨다면 내 속이 더 편했을 텐데. 하지만, 이 불편한 마음이 오히려 나를 변화하게 했다.

먼저 '탓'을 하면 안 되겠다고 다짐했다. 내가 나의 삶을 주체적으로 이끌고 나아가야지, 누군가 또는 환경을 탓하지 않겠다고 말이다. 내가 선택한 환경이 마음에 들지 않는다면 환경을 바꿔야 했기에, 이직을 결심했고 노력했다. 환승이직 전, 현실을 이겨내기 위하여 돌파구를 찾아야 했다. 나에게는 글이었다. 내가 겪은 일을 제삼자의 관점에서 써 내려갔다. 강 건너 불구경하듯 글을 쓰면 나는 다른 인격체가 된 것 같은 느낌을 받았다. 글로 이야기를 쓰면서 스트레스 해소와 더불어 감정을 조절하는 힘을 배웠다. 그리고 정신적 스트레스를 해소하는 것이 얼마나 중요한지 깨달았다. 독서, 달리기, 그림그리기, 등산 등 각자의 방식으로 스트레스를 꼭 해소하기를 바란다.

직장인의 하루는 쉽지 않다. 자기 전 '이대로 눈을 안 떴으면 좋겠다.'라는 생각이 들 때도 있다. 다음날 맞춰 놓은 알람 소리에 깼다 다시 꺼버리기 일쑤. 하지만 결국 무거운 몸을 이끌고 출근 준비를 한다. 행복하기 위하여 수단으로 돈을 벌지만, 돈 버는 건 쉽지 않다. 하루하루가 힘든 직장인들이 이 글을 읽으며 위안이 되었으면 좋겠다. 나만 겪는 일이 아니기에 함께 이겨내자고. 힘듦을 공감한다고. 그리고 이겨낼 수 있다고 북돋아 주고 싶다.

성은 무. 이름은 수리다.

무수리는 오늘도 가족 같은 회사에 출근한다.

오늘은 좋은 일이 가득해지길 바라며!

에필로그 그 후 이야기

 서류 합격과 면접 탈락의 고배를 마시며 하루하루를 버텨나갔다. 이번 회사 느낌이 좋다. 서류 합격. AI 역량 검사, 1차 면접까지 합격하여, 2차 면접만이 남았다. 긴장을 많이 하는 나를 바라보며, 아빠는 '너의 진가를 못 알아보는 회사는 보는 눈이 없는 거야. 회사가 거기만 있는 것도 아니고, 다른 데 또 쓰면 되지. 편하게 봐."라며 떨지 말라고 말씀해 주셨다. 아빠의 응원에 힘입어 면접을 보았다.

1시간 넘게 걸린 마지막 면접. 기 다 빨린 채로 나오는데, 경비 선생님이 회사 입구까지 데려다주시며 말씀하셨다.

"회사 아주 좋아요. 그 팀 분위기도 좋을 거예요. 우리 회사 꼭 됐으면 좋겠네. 꼭 다시 봐요. 조심히 가요!"

난 그저 면접 보러 온 사람인데, 따뜻한 말씀에 감동했다. 선생님 덕분인지, 숙원사업인 환승 이직에 성공했다. 합격 소식에 많은 축하와 응원을 받았다. 이렇게 많은 축하를 받아보기도 처음이다. 모두의 소원이 '나의 이직'이었나 보다. 이직할 회사에서 처우 안을 보내왔다. 연봉, 직책, 건강검진, 제출 서류 안내가 쓰인 처우 안을 보고 실감이 났다.

'나 입사하는구나.'

적응한 회사에서 퇴사하는 것과 새로운 회사에 적응해야 하는 것은 무섭다. 그것보다 더 무서운 것은 '퇴사하겠습니다.' 말하는 것이다. 말하려고 하면 꼭 일이 생기고, 말할 타이밍을 놓쳤다. 눈치를 보며 다시 타이밍을 잡았다. 긴장 줄줄, 심장 콩닥콩닥, 입술은 바짝바짝 마른다. "드릴 말씀이 있습니다."로 운을 뗐다. 검은색 결재 파일에 사직서를 끼워 드렸다. 한 사람씩

결재 파일을 받을 때마다 나를 불렀고, 반려한다며 결재 파일을 나에게 건넸다.

"진짜 나가려고 하는 거야? 거짓말이지? 장난이지? 조금 더 생각해 봐."

나는 돌아오는 사직서를 다시 건넬 뿐이었다. 그리고 고삐 풀린 것처럼 신명나게 맛집 도장 깨기를 했다. 나중에 또 생각날 맛집들 순서를 정해 매일 나가서 사 먹었다. 퇴사하기 하루 전. 장미언니에게 선물을 받는 순간, '아, 내가 퇴사를 하나?' 퇴사 날이 다가옴이 와닿았다. 마음이 몽글몽글해지는 순간이었다. 눈물이 날 것 같았다. 내일 눈물 날 것을 대비해 미리 손수건도 챙겼다.

마지막 날.

회사 사람들과 인사를 하는데, 눈물이 뭐죠? 좋든 싫든 내가 몸담은 회사라 애사심이란 게 있어 눈물이 흐를 줄 알았는데, 눈물이 0g도 나오지 않았다. 시원섭섭할 줄 알았는데, 그냥 시원했다. 얼음 가득 넣은 맥주 한 컵을 시원하게 내려 먹는 느낌이랄까. 난 웃으며 퇴사했다.

얼마 후, 장미언니가 연락이 와 소식을 전했다. 다음 온 직원이 사흘쯤 왔을까. "병원 갔다 올게요." 하고 영영 안 들어왔다고 한다. 회사는 여전했다. 점심을 사준다고 해서 식당에 갔다. 음식을 시켜주며 이렇게 말했다.

"안 사주려다 사주는 거야. 만 원 넘는 거니까 남기지 말고 다 먹어."

그 음식은 돈가스였고, 그 값은 10,500원이었다. 계속 다니고 있었다면 그런 소리를 또 듣고 있어야 했겠지. 만감이 교차했다.

다음 회사는 어떤 분위기일까. 이것보다 괜찮을까? 회사 생활은 다 똑같다고 생각한다. 다른 지옥문 입장일 것이다.

또 다른 지옥이겠지만 한 단계 나은 지옥이길 바라본다.

저 가,족 같은 회사 다니는데요.
가족이 경영하는 회사를 다니는 사원 이야기

초판 1쇄 발행 · 2024년 7월 31일

지은이　나로
디자인　나로
출판사　걸음저장소

가　격　14,300원
인스타　instagram.com/naro_self
이메일　narosteps@gmail.com

ISBN　979-11-988378-3-7 (03810)

본 책은 저작권법에 따라 보호받는 저작물이므로 무단 전재와 복제를 금합니다.